李镇西 —————— 著

大夏书系·教育新思考

# 教育的初心

华东师范大学出版社

ECNUP

全国百佳图书出版单位

**图书在版编目（CIP）数据**

教育的初心 / 李镇西著 . —上海：华东师范大学出版社，2020

ISBN 978-7-5760-0820-3

Ⅰ.①教 ... Ⅱ.①李 ... Ⅲ.①小学教育—文集 Ⅳ.① G62–53

中国版本图书馆 CIP 数据核字（2020）第 166334 号

大夏书系·教育新思考

# 教育的初心

| | |
|---|---|
| 著　　者 | 李镇西 |
| 策划编辑 | 李永梅 |
| 责任编辑 | 张思扬 |
| 责任校对 | 殷艳红　杨　坤 |
| 封面设计 | 奇文云海·设计顾问 |

出版发行　华东师范大学出版社
社　　址　上海市中山北路 3663 号　邮编　200062
网　　址　www.ecnupress.com.cn
电　　话　021－60821666　　行政传真　021－62572105
客服电话　021－62865537
邮购电话　021－62869887　　地址　上海市中山北路 3663 号华东师范大学校内先锋路口
网　　店　http://hdsdcbs.tmall.com

印 刷 者　北京密兴印刷有限公司
开　　本　700×1000　16 开
插　页　1
印　　张　16
字　　数　238 千字
版　　次　2020 年 10 月第一版
印　　次　2020 年 10 月第一次
印　　数　6 100
书　　号　ISBN 978-7-5760-0820-3
定　　价　49.80 元

出 版 人　王　焰

（如发现本版图书有印订质量问题，请寄回本社市场部调换或电话 021-62865537 联系）

# 目 录

CONTENTS

## 不敢苟同

## 岂有此理

## 喟叹不已

## 常识罢了

## 思绪飞扬

# 序

2008 年我请镇西老师给盘锦全市骨干教师作报告。市人民剧场座无虚席，李老师情恳词切的报告辅以感动人心的视频，引起老师们的强烈共鸣，激起全场一阵阵热烈掌声。

镇西讲完了，按惯例，东道主要总结几点并对与会者提出希望，于是我谈了向镇西学习的四点体会："我 1997 年开始读镇西的《爱心与教育》，虽然我的写作能力赶不上他……"说到这里，台下有些骚动。在当地教师眼里，他们的局长已经主管全市教育十多年，应该不比镇西差。我说："请大家安静，我讲的是事实。写议论文我没比镇西差太多，写散文、写随笔那就差远了。由于个人天赋、后天努力、时代环境多方面的原因，我将永远赶不上镇西，但这不妨碍我读镇西的书，向镇西学习。在座的 99% 的老师大概跟我是一样的状态，一辈子赶不上李老师，但我们读他的书，向他学习至少有四点好处：一是促进爱心生长，二是享受尽责快乐，三是品尝阅读愉悦，四是体验写作幸福。"

那次会议到现在 12 年过去了，从我第一次读《爱心与教育》已经过去 23 个春秋，当年 39 岁的镇西，弹指一挥已过花甲。他的写作欲望仍然旺盛，他的写作能力之树愈加枝叶常青。他前几天告诉我，要出一本新书，暂定书名《教育的初心》，让我为之作序，我得以荣幸地首先拜读了书稿。

这应该是镇西正式出版的第 72 本专著了。拜读之后，感慨万千，受益良多。静下心来，整理思绪，我还是愿谈 12 年前全市骨干教师大会上谈的读镇西的书的四点收获：促进爱心生长、享受尽责快乐、品尝阅读愉悦、体验写作幸福。这是否和一个人向另一个人学习过程中形成的思维定势有关，我说不清楚，只是觉得这是我读了镇西一系列书，也包括这本《教育的初心》之后体会最深的四点。

# 一、促进爱心生长

镇西在书中一以贯之洋溢表达的都是爱心。他捧着一颗爱心去观察、思考、尽责、工作、阅读、写作。变化的是不同的班级、学校、学生、岗位、书籍，不变的是一颗初心——爱心。以前的书更多表达的是对本班、本校学生和教师的爱。《教育的初心》更多表达的则是对更广阔空间学生、教师、家长、事业的爱。2015 年从校长的位置改任主持全区新教育实验，又任全国新教育研究院院长，站在更广阔的视角，深入更多的实验学校，接触更多的学生、教师、校长、局长、家长，他不变的爱心在生长，爱得更深、更宽。他含泪写下《善待活着的"李芳"》，"善待活着的'李芳'，就是善待中国的基础教育，就是善待中国中小学的每一个孩子，就是善待中国的未来"；他呼吁"请给爱学生的老师以爱学生的时间"；他"强烈要求严惩乐至县暴打教师的凶手"；他希望"当这位 10 岁女孩在擦拭车厢地板时"周围的成人不要那么麻木；他大声疾呼"比成绩更重要的是孩子的健康"；他提出"也应给家长减负"……读着这些从爱心中涌流出来的文字，谁的爱心能不一次次产生共鸣呢？谁的爱心能不萌发生长呢？我同镇西老师的粉丝们交流，大家共同的感觉是读他的书之后，每个人内心原有的爱学生、爱事业的心灵之树在悄悄成长。

每个人精神幸福的深度、宽度、高度、持久度取决于他自己爱心之树树根的深度、树干的高度、树龄的长度。一个人如果不忘初心，一辈子培养自己爱祖国、爱人民、爱科学、爱劳动的心灵之树，根越扎越深，干越长越高大，生命力越来越旺盛，那他就一辈子都活在幸福中。即使当了联合国秘书长、世界第一的科学家也没时间骄傲，一辈子做保洁员也没时间自卑，只不过是在不同的岗位上，培养自己爱岗敬业、爱国爱民的心灵之树而已，只是享受爱心之树成长的过程而已。从这个意义讲，读李老师书籍的过程，是促进我们幸福感增长的过程。

## 二、享受尽责快乐

镇西的书深深植根于他生活的当下职责，他在每个位置上都尽职尽责，他把尽职尽责的过程当作享受。读他写关心妻子、引导女儿、教好语文、带好班级、当好校长的过程，细节、良方、妙法，很容易激活我们曾经有过的尽责过程的快乐感觉。他在每个岗位都做得很优秀的原因在于他直面问题，深入研究分析事物的本质规律，不被表面词汇迷惑。对于当下搞得有声有色的影响力很大的新教育，镇西说不要过多地注重形式，他明确地指出追根溯源：新教育讲的是教育常识。他的《新教育所做的一切努力，就是最终消灭"新教育"这个概念》一文引导人们发现事物的本质规律。

违背规律做事情的过程就像做苦役，经受的是煎熬；遵循规律尽职责的过程使人感到快乐，享受的是幸福。当我们尽职尽责、探幽索微、穷根究底地探索教育教学、班级管理规律时，我们会发现广阔的创新空间，享受更深层次尽责的快乐，而一旦被喧嚣的行业歧视之风裹挟，谁都容易滋生烦恼。行业分工会永远存在，仅一个"人工智能"行业内部就有成千上万不同的岗位分工，科学家内部更有成千上万种不同的研究领域。人类社会和个人都需要抑制、消灭行业歧视，需要各自在不同的岗位上尽职尽责，需要尊重和感谢社会进步过程中必须产生的每一个职业岗位。像镇西说的那样："无数劳动者这种互相的'谢谢'，便是我们社会的温暖。"读镇西的书使我爱岗敬业、尽责为乐的心灵之树也在舒枝展叶、慢慢成长。许多教师、校长也都谈到镇西的书帮助自己发现了尽责过程中的快乐。

## 三、品尝阅读愉悦

镇西30多年来发表的文章、出版的书籍中展示着他长盛不衰的阅读兴趣，广阔的阅读范围，适合自己成长的阅读方法。他坚信"一个人的精神发育史就是他的阅读史"。他告诉人们"每一个知识分子或多或少应该有自己的藏书"。读书成了他的内在需要，成了他情不自禁的习惯。火车上、候机室里，甚至农家乐中都有他手不释卷的身影，他用等公交、排队购物、乘地铁这些可利用的零碎时间阅读几行文字甚至一篇文章，同样的时间便有了生命的意义。

我们生活在最好的时代，有多样化的阅读渠道，极其丰富的阅读资料，即使牛顿、爱因斯坦这样的伟人也无法读完人类书籍的万分之一，无法掌握人类专业技能、科学知识总量的0.1%。以有涯之生命对无涯之信息，选择读书方向、范围、内容就格外重要。书籍海洋既可载舟，亦能覆舟，选择不当不仅事倍功半，还可能徒增烦恼，甚至误入歧途。怎样选择？镇西毫无保留地介绍自己读50%人生类、30%教育类、20%专业类书籍的经验，并在《学校明明就是读书的地方，为什么还要"营造书香校园"？》一文中再次详细写了这样选择的好处。怎样读书？镇西说："把好书化作自己的灵魂，要读出自己、读出问题，把自己摆进去，找出不明白的地方、不同的观点等等。这是质疑、研究、批判，就是'与作者对话。'"这样读书感情便自然流淌，思想便飞扬在万里晴空。读镇西的书也促使我品尝自己读一本本好书时那种废寝忘食、身心愉悦的感觉。

## 四、感受写作的幸福

几十年来，教语文、当班主任、当校长、当院长，把每项本职工作都做得成果卓著，同时又写了这么多日记，出版了70多本专著。有人问："你是如何坚持下来的？真有毅力！"镇西答："不觉得这需要什么'毅力'，因为这本身是一种需要，这种需要变成了习惯……用文字记录自己和学生每一天的成长是一种非常有意思的事。""每天发生了什么值得记录的事，我总是当天就写下来。也不为发表，就是类似于写日记的那种习惯，后来有杂志向我约稿，我就整理交稿。迄今为止我出版的60多部著作，都是习惯性写作水到渠成的成果。"习惯了，不写不舒服，写了很踏实、很舒服、很幸福。

这本《教育的初心》是镇西在全国新教育研究院院长的位置上，尽职尽责写的自己想说的话。其实也是我们想说的话。如果面对上面不断要求我们要有"新思路""新目标""新举措"，我们是不是也要说"教育本来是朴素而简单的事，可为什么现在越来越花哨和复杂？"当我们看到校园文化只考虑领导参观者的需要，弄得脱离孩子的时候，我们是不是也想问一问"校园文化为谁'打造'？"当我们看到高考考生穿上古装有组织地跪拜神灵，以求金榜题名，教室内拉起大幅标语"要成功，先发疯！""血战考场酬壮志"等，高考之后考生们集体撕书、烧书，我们是不是也要大声疾呼，让变态的高考回归正常？看到"学霸""学渣"这类词语流行，我们是不是也觉得"是教育的耻辱"？

《教育的初心》中对教师群体的表扬、肯定也好，对不良现象的批评、质问也罢，变化的是针对的问题，不变的是镇西几十年如一日的初心："让人们因我的存在而感到幸福。"帮助读者写出他们想说的话，当然会使读者感到幸福。我相信《教育的初心》这本书一定会像镇西以前的著作一样，帮助他的粉丝们体验到写作的快乐，启发新读者更全面深入地分析教育发展道路上遇到的困难阻力，体验到阅读过程中增长智慧的愉悦。

镇西几十年如一日将自己的爱心植根于当下现实，植根于尽责、阅读、写作实践中，于是在爱心生长的同时，他尽责的能力、阅读的深度、写作的水平都在提高，他天天都在享受成长的快乐。

让我们不断微调自己心灵摄像机的镜头，清晰地、静静地读《教育的初心》，读更多镇西的书，读更多优秀人士的书；吸天地灵气、汲日月精华来养护自我精神世界的绿水青山，使爱心之树、尽责之树、阅读之树、写作之树"苟日新，日日新，又日新"，发新芽、吐新叶、抽新枝、绽新花，枝繁叶茂、布满青山。让我们每天在平凡的岗位上为自己、为亲人、为祖国、为人民尽到责任的同时，更深层次地享受到生命成长的快乐！

是为序。盼望这块砖能引出更多的玉来。

魏书生

2020 年 7 月 19 日

# 与师为善

YU SHI WEI SHAN

# 善待活着的"李芳"

## ——悼念李芳老师

### 一

我有许多叫"李芳"的朋友，手机通讯录上有"学生李芳""同事李芳""北京李芳""江西李芳""拉萨李芳"……我以这种方式来区别不同的"李芳"。

今天，我又认识了一位"李芳"，只不过我俩已经没有机会交朋友，我也不能以"信阳李芳"的方式将其储存在我的手机上了，因为她并不认识我；更重要的是，我知道她的时候，她已经离开了这个世界，她49岁的生命已经永远定格在2018年6月13日4点40分。

以前一提起信阳，我只知道上世纪50年代末的"大饥荒"；今后一想到信阳，我就会想到一个芬芳的名字：李芳。

是的，读者已经猜出我说的这位"李芳"是谁。她就是河南省信阳市董家河镇绿之风希望小学的李芳老师。6月11日那天，在护送学生回家的路上，面对突然失控冲来的三轮摩托车，她推开了身边的孩子，自己却倒在了血泊中。

当我打下上面几行字的时候，眼里已经噙满了泪水。

不只是我一个人感动。几天来，李芳老师的事迹被刷屏，她的善良与勇敢击中了无数人的心灵，隔着笔记本电脑的屏幕我也能感到人们泪如雨下。

# 二

我从"澎湃新闻"上知道了关于李芳老师这样一些事迹和细节——

李芳的同事兰思武，是李芳从初中到师范学校的同学。参加工作之初，两人又一起被分配到了黄龙寺小学任教。兰思武记得，李芳在上学时就是一名特别优秀的学生，智商和情商都很高。"本来想，毕业后她会有别的选择，没想到她会到偏僻的农村小学一干就是这么多年。"兰老师说。

老教师王奎远这样评价李芳老师："在教育教学工作中，她有自己独特的方法，注重对学生的思想品德教育和人格的培养，用爱心抚育每一个孩子。她对所教学生的家庭情况、性格、爱好都了如指掌，学生中谁家遇到困难都愿意向她倾诉，她总是尽心地去安抚并帮忙解决。"王奎远说，李芳在业务上对自己要求极其严格，不断学习，丰富和完善教学方法，为的是让孩子们在快乐中学习。"李芳是个热心人，许多实习教师都愿意拜她为师，她也总是不厌其烦地教他们怎么上课，怎么克服心理障碍，怎么提高学生的学习热情。"

与李芳搭班的数学教师罗银森回忆道："我跟李芳老师都是 2015 年来绿之风希望小学的，我是新教师，她是老教师，我俩从去年开始一起带这个班。"罗银森说，"我刚开始当班主任带这个班的时候，找不到方法，李老师就主动给我传授经验，教我怎么管理班级。"今年希望小学举办庆"六一"活动，罗银森带的班被分配了表演朗诵的任务，可教数学的罗银森对朗诵一窍不通，发现罗银森犯了难，李芳二话不说就揽下了带全班练习朗诵的任务。

冒着生命危险挡在学生身前的李芳生前却是个胆小的人。"去医院打针她都害怕，看到虫子都会大叫。"李芳的一位好朋友说，"在推开学生的一瞬间，她一定是下意识的，是切切实实地把学生当成自己的孩子了，要不然她不会这么勇敢。"

就在事发前几个小时，李芳还在帮希望小学的一位年轻班主任处理家校矛盾。"谁想到就两节课没见，还没有当面好好说声谢谢就……"这位年轻的班主任叫陈静，她红着眼圈哽咽着说，"李老师跟我妈妈年龄差不多，平时她从家回来有什么好吃的总会给我带一些，她知道我们这些小年轻出门在外不容易。"

事发前一周的 6 月 5 日，李芳刚刚过完自己的 49 岁生日。"李老师平日是一个爱美的人，我们私下都爱叫她'老美女'。万万没有想到的是，她这次最美的选择，却成为留给我们最后的美！"与李芳生前同住一室的同事郝翠玲早已泣不成声。

"希望能有一个一模一样的李老师来给我们上课。"李芳老师牺牲后，她的孩子们向学校领导提出了这样一个请求，可见孩子们对李芳的依恋之情。

……

在引述上面这些片段的时候，素不相识的李芳老师总在我眼前温柔地微笑着，我眼眶里的泪水越蓄越多；当我打下孩子们"希望能有一个一模一样的李老师来给我们上课"时，眼泪夺眶而出，我终于忍不住伏在写字台上抽泣……

## 三

在那生死关头，李芳老师那勇敢的奋力一推，可谓"英勇""伟大""气贯长虹""惊天地泣鬼神"……无论什么褒奖的词语用在李芳老师身上都不算夸张，都绝对配得上。

但其实，李芳老师在那一瞬间并没想那么多，她纯粹就是出于善良的本能，出于对学生天然的爱与责任，便那么做了。她的性格本来是柔弱的，甚至有些胆小，正如她的好朋友说："她一定是下意识的，是切切实实地把学生当成自己的孩子了，要不然她不会这么勇敢。"

更何况，她绝对不想离开这个世界。我不太了解她的家庭，但我推想，49 岁的李芳老师应该上有老下有小，父母双亲已经年迈，女儿刚刚大学毕业，李芳正和女儿一起憧憬着美好的未来——本来她已经答应了在那个周末陪女儿参加公务员面试，可是她却以这种方式不得不"爽约"了。如果她依然活着，再过几年她将退休，每年教师节都会有已经长大的学生来看她，拥抱她，依偎着她回忆那温馨的当年。她也会有自己的孙辈，宁静地享受天伦之乐……

李芳老师没想过要成为"烈士"，她却无意中用生命铸就了一座英雄的丰碑。

李芳老师那壮丽的"奋力一推"，用生命证明了自己是一位优秀的人民教师——当然，所谓"证明"是事后我们对她的"盖棺论定"，而非她主动为之；我相信，接下来上级有关部门会追授她"全国劳模""教书育人楷模""全国优秀教师""全国见义勇为模范"等荣誉称号，说不定还会被评为"感动中国2018年度人物"……这一切都是应该的！

李芳老师用自己的芳华，写下了人民教师的生命诗篇，作为人民教师的杰出代表，她当之无愧！

四

李芳老师牺牲后，有媒体的宣传文章是这样的标题：《河南女教师李芳舍身救学生，请别再昧着良心侮辱人民教师！》

这样的标题貌似为教师挽回尊严，其实不然。一个李芳是不可能挽回某些败类给人民教师所造成的负面形象的。把二者扯到一块，逻辑上说不过去，反倒让人有一种以一个英雄掩盖某些败类的感觉。不能因为有了李芳这样的人民教师，就无视不良教师的存在。

面对李芳老师英勇献身的伟岸形象，感到羞愧的不仅仅是平时抹黑教师队伍的个别媒体人，还有同在讲台的教师败类——他们师德低下，素质不佳，教学无能，带班乏力，不学无术，只谈待遇，不谈工作，体罚学生，牢骚满腹，怨天尤人……这当然是少数，但谁也无法否认他们的存在。这少数败类影响极坏，可以说我们绝大多数正直善良的老师都因他们而蒙羞，并为他们背黑锅。现在，出了一个李芳，就可以为这些败类洗罪？怎么可能！正确的做法是，该歌颂的歌颂，该谴责的谴责。谁也别沾谁的光，谁都别买谁的单。

同样是教师，境界悬殊。教师队伍中的少数败类，掩盖不了真正的人民教师的荣耀与光芒；同样，无论有多少李芳，都"省略"不了少数败类的恶行。

误人子弟、玷污教师尊严，你有什么资格自称"一线教师"？去问问你的学生，他们从心里认你是他们的"老师"吗？

## 五

我还想，如果李芳老师那天护送学生回家时没有遭遇那意外的惨剧，她会不会成为英雄——或者说，她是不是英雄呢？当然会，当然是！

因为英雄的品质本来就流淌在李芳老师的血液中，只不过平时这些品质——善良、正直、真挚、忠诚……并不是以"英雄"的方式呈现出来的，而是浸透在日常生活与周围每一个人的交往中——不知不觉，却无时无刻不散发出人性的芬芳。换句话说，即使李芳没有牺牲，她也是一名优秀的人民教师。不用我再罗列更多的材料，上面我引述的媒体文字，已经足以证明这一点。

不过我还是想将李芳老师牺牲后凤凰网在报道其事迹时的评价复制于此："李芳老师任教期间，爱护学生，团结同事，服从领导，勤恳工作，无私奉献，教育教学成绩突出，受到学生家长及同事一致好评。"

那么，我就要问了：李芳老师生前的职称是什么？是中级，还是高级？她受到过什么隆重的表彰吗？她获得过什么国家级或省市级的荣誉称号吗？是"特级教师"吗？如果她的职称还是中级（我估计她不太可能还只是初级职称），如果她没有获得过与她"教育教学成绩突出，受到学生家长及同事一致好评"相称的荣誉称号，那么这说明什么？

我在写这篇文章之前，搜索并阅读了许多关于李芳老师的报道文章，没有一篇文章在介绍李芳老师简历时提到她的职称和所获荣誉。按理说，如果她是全国优秀教师或省市先进代表，报道时作者是不会忽略的。

为什么要让一个人成为"烈士"后才承认其优秀与伟大，才"追认"这个"追授"那个？

# 六

我想到了几年前同样为救学生而受重伤被截肢的佳木斯市第十九中学的老师张丽莉。当年，我从《广州日报》《黑龙江晨报》《光明日报》读到张老师这样的事迹——

为了带好初三毕业班，张丽莉选择先不要孩子，每天把大量的时间都花在了学生身上。

入校五年，各种赛课、教学比赛，张老师都名列前茅。她所带的班级名次遥遥领先。

张丽莉和学生们的关系好得让同事们有些"嫉妒"。同一个办公室，教师节她收到的礼物最多，小礼物、小零食每次都能在办公桌上堆成小山。"看到学生扣子没系好，她会上去整理；看到学生衣服脏了，她会帮着拿去洗。"张老师的同事王玉文说，"学生哪会不喜欢这样的老师？"

……

然而，这么优秀的老师，这么受学生爱戴的老师，直到因救学生而负伤时，居然还是没有"编制"的代课老师！

张丽莉出事刚十天，她还躺在重症监护室等待再次手术，组织上便突击授予她诸如"全国五一劳动奖章"等荣誉。至于"转正"，获得"编制"更是很顺利地解决了。

当时我就在博客上写文章问：如果她没有舍身救人呢？难道她就不优秀了吗？为什么获得"编制"一定要付出如此沉重的代价？

# 七

其实，在中国大地上，太多太多普通而优秀的老师，因为没有"李芳"或"张丽莉"式的"壮举"而长期默默无闻。

有一年春节假期的一天，我到学校处理点事。坐在办公室里，听到学校练功房里"砰砰"直响，而且响得很有节奏。怎么回事？放了假怎么还有人呢？我走过去一看，原来是体育老师赵春丽正给健美操队的孩子们训练呢！天呀，这可是春节期间啊！学校也没有要求她训练啊！当时，我没有打搅她和孩子们，什么也没有说，默默地离开了——她们至今不知道那一天我在窗外看过她们，可我感动的心一直不能平静。

我们学校每年秋天都有一次体操比赛，但朱怀元老师所带班级三年中从没得过奖，因为他班上一个学生脚有残疾。本来按比赛规则，学生可以因病或因其他特殊原因请假的，但朱老师实在不忍心将他排除在集体之外。于是，朱老师决定宁可不拿名次，也要让这孩子参加。从初一到初三，朱老师的班从来都整体上场，一个都不少。尽管年年都没有拿到名次，但全班同学都很自豪，为自己的集体而自豪。朱老师说："作为班主任，我当然希望我们班能够得名次，但我更想的是——是名次重要，还是学生尊严和权利重要？当然是学生的尊严和权利重要！班主任所带的班取得了名次，当然很光荣。但我不能为了自己的面子而剥夺学生的尊严。"

有一天中午，我偶然经过三楼初一办公室门口，无意中从开着的门看进去，看到胡鉴老师、潘玉婷老师坐在各自的办公桌前的椅子上睡着了。说"睡着了"是因为她们的头微微仰着，眼睛闭着。但实际上并不是真正的"睡"，因为她们的姿势分明是坐着。那一刻，我的眼睛湿润了。也许她们本来不想睡，只是想在办公桌前再做点事，但实在太疲倦了，不知不觉便睡着了。也许她们的确是在睡午觉，但又放心不下学生，所以不去公寓睡觉而只是在办公桌前打个盹儿。

……

我不当校长已经三年，但成都市武侯实验中学多年前这些"鸡毛蒜皮"的小事经常还出现在我的脑海里。这些老师远不如我有所谓的"知名度"，但他们更具代表性。

放眼中国大地每一所学校，这样的老师有千千万万。2018年6月13日之前信阳的李芳老师也是其中默默的一员。因为以我平常的视野，我更熟悉我身边的老师，所以这里只能以他们为例。

# 八

有的媒体还有一种奇怪的现象，教师队伍中出了败类，便喜欢渲染，好像整个教师队伍个个都很不堪；而一旦出现了惊天地泣鬼神的英雄教师，又喜欢夸张地宣传，把教师抬上神坛。其实，李芳或张丽莉式的英雄只是个别，因为要做李芳或张丽莉式的英雄得有可怕而残酷的"机遇"——我无论如何不希望任何老师有这样成为"烈士"的"机遇"；因此他们并不具有代表性。而具有代表性的，是成千上万既没受伤更没献身的普通老师，他们每天都兢兢业业、默默无闻。我们在每一个普通的日子里都尊重他们，比偶尔突击性地集中宣传英雄，更有意义。

我的意思是，李芳老师、张丽莉老师为救学生而献身或致残后，我们当然应该隆重宣传并大力奖励，但我们更应善待活着的"李芳"，善待没有致残的"张丽莉"。毕竟老师们不可能每天都面对"生死关头"，但像上面赵春丽老师、朱怀元老师、胡鉴老师、潘玉婷老师那样自然而然地爱着孩子们，则是无数老师的常态。

我再重复一遍我的意思，不要等到善良敬业的老师们有了惊天动地的壮举后，才想起给他们"转正"，给他们晋升职称，授予他们各种荣誉……

当然，以中国目前的国情，现在要给更多的老师评"高级教师"职称，或给"特级教师"荣誉不太现实，毕竟名额有限。但是尽可能不要拖欠老师们应得的工资（包括奖励绩效），尽可能落实党和国家早已经有的关于提高教师待遇的政策法规，尽可能不要用各种繁琐的"非教育工作"去干扰老师们正常的教育教学，尽可能给老师们减轻诸如"迎检"等各种形式主义的负担……总做得到吧？

还有，由于种种原因，中国还有相当一部分代课教师和在编教师一样坚守在课堂，应该说他们中的大多数人和张丽莉老师一样优秀。改革开放以来，中国经济有了令世界瞩目的发展，我国已经成为世界第二大经济体了，国家拿出一点钱来解决没有受伤致残的"张丽莉"们的"编制"，这不算苛求吧？

# 九

在许多关于李芳报道的图片中，有一张图片特别打动我，那是李芳的中师同学送别李芳的场面——一群教师表情沉重，有几位女教师正低头拭泪，他们手持黑色横幅，横幅上写着："沉痛悼念李芳同学　一路走好　信师八六级二班全体师生"。

看着这些人到中年的老师们，我想到30年前，风华正茂的他们和李芳在中师校园朝夕相处，怀着理想憧憬着未来的教育人生；如今他们中的李芳走了，而他们还在讲台上屹立着。李芳没有牺牲前，就是他们中普通的一员，而如果灾难再次降临，他们完全有可能成为"李芳"！

——我这里的"他们"，已经不仅仅是照片上李芳的同学，而是指千千万万善良、正直、初心不变、良知未泯的中国普通教师，他们都是活着的"李芳"。

善待活着的"李芳"，就是善待中国的基础教育，就是善待中国中小学的每一个孩子，就是善待中国的未来。

2018 年 6 月 17 日上午于办公室含泪写成

# 是谁用无形的"绳索"捆住了教师的心灵与手脚？

　　最近一则关于提醒教师不要在微信朋友圈里晒旅游照片的"通知"，引起了老师们的普遍反感，一时热议不断，让沉寂了一段时间的网络又热闹了起来。大家抨击该"通知"的发布者："老师们假期自费旅游招惹谁了？""自己辛苦挣的钱自己怎么花，还得听有关部门安排？""你觉得当老师好玩儿，你来当呀！"……我当然也觉得这个"通知"太荒唐太离谱，荒唐离谱得"不真实"——我最初听说这个通知，第一个反应是"不可能"，有人在网上"恶搞"。

　　我曾经说过，就育人而言，教育这个职业的确不是一般的职业。作为教育人，我们在职业道德和专业技能上对自己应该有着较高的标准。教育以外的人们，对教师各方面的要求高一些，这也可以理解。但教师追求高尚的人格，不等于教师就没有应有的人的合理诉求，失去作为一个人应有的享受与乐趣；对教师寄予崇高的期待，不等于要把教师奉为不食人间烟火的"圣人"。然而，长期以来，教师的精神和肢体总有一种"被束缚感"，做什么都得"注意影响"，结果不但失去了精神的自由，也失去了行动的自如。

　　那么，究竟是谁用无形的"道德"绳索捆住了教师的心灵与手脚呢？

　　我认为这"绳索"来自三个方面——

　　第一条"绳索"来自有些教育行政部门。毫无疑问，正常的学校教育教学需要教育行政部门科学而有序地管理，教育也应该和所有行业一样，接受政府代表人民监督。这是不言而喻的"默认前提"。但是这种管理和监督只能是依据国家的相关法规来实施，也就是人们常说的"依法行政"。恕我直言，一切离开了《教育法》《教师法》等国家法规对教师的苛求，都属于"行政乱作为"。比如这次的"老师旅游不能发朋友圈"的"通知"，就是毫无任何依据而随心所欲对教师正常私人生活的干涉。对于个别违背师德、违反教师职业规范的"教师"，教育行政部门依法依规严肃处理，这是完全应该的，不如此不能维护教育的神圣与教师的尊严。但不能因为个别"害群之马"，便对整个教师群体有一种源于"不放心"的"防范心理"。有些教育行政部门发的通知，总是爱规定教师"不许这个""不许那个"，却很少鼓励教师"可以这样""可以那样"。如果教师连周末 AA 制自费吃个饭，都被通报批评，他每天怎么可能以一种幸福的心态和潇洒的姿态走进校园走进课堂？

第二条"绳索"来自某些"社会舆论"。所谓"社会舆论"，是社会对某一问题的共同倾向性看法或意见，而这种看法或意见，从来都没有"作者署名"。它可能来自某些媒体夺人眼球的"据说"，可能来自某些机构耸人听闻的"据传"，也可能来自街谈巷议的"听说"……虽然无形，却很有杀伤力。其特点往往是"捕风捉影""断章取义""添油加醋""以偏概全"。比如前段时间有一篇文章在网上流传甚广，内容是说现在的教师对应该讲的知识"课堂不讲，课后交费补讲"，而且已经是"普遍现象"了，作者由此创造出一个词："师腐"！并进一步把"师腐"和"官腐"提到同样严峻的高度，大有"师腐不除，国将不国"的岌岌可危之虞。这简直是夸大其词，而且耸人听闻！教师队伍中当然有个别这样的败类——哪个行业敢说自己的从业队伍都很"纯洁"呢？但不能以这"个别"来否定整个教师群体啊！看看我们有些无良媒体吧，有的记者总喜欢盯着容易引发"轰动效应"的个案来渲染报道：教师强奸女生啊，班主任在学生脸上刻字啊，逼学生跳楼啊，等等。本来应该得到全社会尊重的教师，有时候甚至出了校门都不敢说自己是教师，谈何尊严？医生救死扶伤，警察维护治安，教师教书育人，这三类职业本来是最应该受到社会尊重的，现在却被妖魔化为"白蛇""黑蛇"和"眼镜蛇"！有一年我在外面讲课时，课件上有一张我校老师春游打麻将的照片，于是，有记者就提醒我说："公开场合展示老师们打麻将的照片，而且没有批评性的评价，影响不好。"我火了："老师休息不能打麻将吗？谁规定的？其他行业的人下班后都可以打麻将，为何老师不行？"现在，连教师暑假旅游都要被"提醒"，你们还让不让教师活了？如果一位教师成天战战兢兢、小心翼翼，不做贼也心虚——因为他不知道什么时候就会引发"影响不好"的"社会舆论"，如此精神被束缚的教育者，怎么可能成为新一代公民的培养者？

第三条"绳索"来自教师群体中的某些教师。记得去年暑假我旅游过程中将照片晒在微信朋友圈，也有朋友提醒我要"注意影响"，因为"暑假还有老师在给高三学生补课"；还说"我们收入低，没法去旅游"；加上去年国内有些地方发大水，有人就批评我"还有心思旅游"。当然由于种种原因，教师待遇的地区差异还比较大，现在并不是所有教师都能够旅游。但愿有一天，每一位中国教师都能够有经济实力假期旅游。这也是我们的"中国梦"。可是不能因为还有教师不能去旅游，所有教师都不能旅游呀！还因为去年里约奥运会上某澳大利亚运动员无端指责孙杨服兴奋剂，而我刚好在照片说明中写了几句澳大利亚如何美丽，于是又有人说我"不爱国"了。我真是无语！微信公众号有一个打赏功能，读者可以自愿三元五元地打赏作者。其他作者接受打赏好像没事，可教师不行，好像教师接受了打赏就"有悖师德"，而这种指责往往都来自同行。因为有老师对我直言："这好像不是李老师的风格。"我也直言："这就是我的风格！"很难说这些老师有什么恶意，他们也许是长期以来背着沉重的"道德重负"所致，也许是"我过得不好，你也不应该好"的平均主义传统观念使然，他们不仅自己被无形的"道德"绳索捆缚，而且用这绳索去捆缚同行。但长期如此，教师的精神状态会是怎样的，不言而喻。

再说一遍，教师当然需要起码的从业良知、过硬的专业技能和规范的职业言行，但不需要"道德"绑架——无论这绑架来自何方。教育的使命是培养具有自由精神、创造能力的人，因此教师最应该拥有舒展的心灵。愿我们教师的身心挣脱一切枷锁，以明亮的精神世界去造就同样精神明亮的现代公民。

2017 年 8 月 21 日

# 校长的第一压力应该是什么？

——由刘爱平校长跳楼自杀所想到的

## 一

赣州四中的刘爱平校长跳楼自杀了。

巧的是，6月5日早晨六点过，他纵身一跃跳楼的时候，我正在我的微信公众号"镇西茶馆"中推出一篇文章《为正直的校长说几句公道话》（后来因为《中小学管理》杂志将在7月发表这篇文章，我临时撤下了）。文章表达了这样的观点：不能因为有个别败类，而对所有校长"有罪推论"，认为"没一个好东西"，实际上正直善良的校长是很多的。

刘爱平就是中国正直校长中最普通的一位。

其实我不认识这位校长，但据说他生前在老师、学生及家长中，就有很好的口碑。其他且不论，但就连续一个多月"拎着桶子，戴着手套，拿着钨丝球，蹲在厕所里擦尿垢"的行为就不是所有校长——比如我——能够做到的。校长的使命当然不是打扫厕所，但正如刘爱平校长面对质疑时所说："我觉得，讨论校长该不该扫厕所是狭隘的，要讨论的是校长要不要当义工。"把自己看作"义工"的校长无疑是令人肃然起敬的。用赣州四中一位学生的话说："点燃我们的理想火苗，您就像灯塔一般坚定！"用赣州四中一位老师的话说："他是一名好校长，人很好，性格也很好，一直专注着教育事业。"总之，刘爱平是一位优秀的校长，这已经是"盖棺论定"

（真不忍心打下这四个字）。

然而，这么优秀的一位校长却选择了跳楼，结束了自己的生命！真是让人痛心不已。

## 二

刘校长在遗书中写到了自己主动离开这个世界的原因："日益严重的抑郁症让我痛苦不堪，巨大的工作压力让我身心俱疲。"在刘校长那里，"抑郁症"与"工作压力"有着怎样的压力，我不好说；但"巨大的工作压力"加剧了他的"抑郁症"这是无疑的。

物伤其类。我和许多教育同行一样，为刘校长的离去深感悲戚。我理解所有善良的人对刘校长表达的哀思，但不同意"刘爱平校长自杀，绝非个例"的评论。应该说刘校长的自杀虽然不是唯一的，但绝非普遍。这带有他某些个人的因素。因此我不赞成过分夸大刘校长自杀的"普遍性"，仿佛全中国的校长都存在自杀的可能。

然而，否认刘校长自杀的"普遍性"，并不意味着刘校长所承受的"巨大的工作压力"是个例。换句话说，因为工作压力而选择自杀的刘校长是个别的，但工作压力大的校长则相当多。

按说，任何岗位都有压力。只要做事哪会没压力呢？有压力是理所当然的，没有压力反而不正常。问题是，校长应该承受的第一压力是什么？

先来看看我们现在的校长所面临的主要工作压力是什么。我在《为正直的校长说几句公道话》一文中，谈到校长压力时写道："现在的校长主要有三个压力：首先是安全压力，其次是举报压力，最后是升学压力。"我不知道刘爱平校长是否也有这三个压力，但我想目前中国基础教育绝大多数校长是有这些压力的。

## 三

先说"安全压力"。不知从什么时候开始，中小学生安全成了校园的头等重要的大事，也成了校长的第一压力。硬件建设、文体活动、食堂经营、教室布置……都成了校长的心头之患，因为校园的每一个角落甚至一草一木，在校长眼里都有"安全隐患"。不管什么原因，只要学生在学校受了伤——无论是打篮球摔跤，还是升旗仪式时晕倒，一律是学校的责任，而校长则是第一责任人。甚至校长还要忧虑学生放学回家路上的"安全隐患"，以及节假日寒暑假在家的安全！为了安全不仅取消了春游，连校内的运动会也取消了。有多少"安全事故"弄得校长筋疲力尽！人的生命当然至高无上，但谁能做到天衣无缝的"安全保障"？就算从制度上、从设施上真的做到了"无懈可击"，谁又能保证百分之百地不出现偶发事件？为了这个"安全"，许多校长随时想的不是"学校该怎么发展"，而是"学校千万不要出事啊"。因为一旦"出事"，家长闹，媒体炒，学校会因此而"名声大振"，后果不堪设想。如此战战兢兢，如何当校长？

四

再说"举报压力"。办学校当然应该接受社会监督，这个"社会监督"应该体现于一定的民主制度和科学程序，但现在只要有一封举报信，就可能搅乱学校的工作。按说，包括家长在内的任何人都可以向任何一个部门反映任何教育问题，这是人民监督教育的神圣权利。但所有举报信形成的"压力"，只应该针对学校确有问题的校长，如果是不实举报，校长就不会"心虚"。但现在只要有"举报"，不问青红皂白，一律"问责"。而且"举报"的级别越高——如果"举报信"投到了"市长信箱""省长信箱"，校长的压力就会越大，无论所反映问题是否属实，一律要写"回复"和"处理意见"。当然，如果举报属实，肯定应该也必须认真对待，但问题是很多时候并不属实，同样要"走程序"，这无疑助长了匿名诬告的恶劣风气！一封不实的举报信，就把学校搅得天翻地覆，这耽误了校长多少精力？耽误精力还是小事，关键是"举报率"关系着年终考核，这就关系到教师的实实在在的利益了。校长焉能不倍感"压力山大"？

# 五

最后说"升学压力"。按理说，教育质量是学校的生命，因此校长的第一压力应该是升学压力，但现在排在了第三。当然，作为一个有作为的校长，理应为学生的升学负责，因此"升学压力"对校长来说，其实是一种责任与担当。问题是，现在学校的升学成绩很多时候不是通过遵循教育规律得来的，而是通过一些"潜规则"，比如不择手段地抢夺"优生"、挖空心思地挤走"差生"、想方设法地漫天"炒作"、煞费苦心地四处"勾兑"……对于有良知的校长来说，做这一切都是违心而痛苦的，但为了"学校发展"又不得不做，这是怎样一种异样的"压力"？而对于一个既有良知又有思想的校长来说，不愿成为纯"应试教育"的炮灰，不愿把学校绑在"应试教育"的战车上，而希望在素质教育方面有所作为，但是只要有一年的"升学率"哪怕少了零点几，或者考上清华、北大的人数比上一年少了一个，他便会"身败名裂"！背负这样的"压力"，校长怎能"静心教书，潜心育人"？

"安全压力""举报压力""升学压力"——我不知道刘爱平校长是不是因为这三个压力加剧了其抑郁症而选择跳楼的，但我知道，相当多的校长正在这三个压力下喘息。

# 六

一个有事业心有使命感的校长当然要有压力——他也会持续关注校园安全，但这不会占据他的全部时间；他也会偶尔处理一些家长来信，但这不会耗费他的主要精力；他更会看重包括升学成绩在内的教学质量，但他更会以更科学的态度提升整个教育的品质与境界，比如对老师专业发展的重视，对学校教育改革的构想，但无论是教师的专业发展还是学校的教育改革都不是最终目的，最终目的是孩子们的成长。

因此对校长来说，第一压力应该来自对每一个孩子喜怒哀乐的牵挂，对他们课内是否凝神谛听的惦记，对他们课间是否快乐玩耍的系念，为此他会想方设法接触每一个孩子，挤出时间走进每一个班级，他努力记住尽可能多的孩子的名字，尽量倾听更多孩子的心灵，最大程度地和更多的孩子们一起聊天，一起踢球，一起远足……为了孩子，他会因某一位老师专业技能不够娴熟影响孩子的学习而忧虑，他会因某一位老师不恰当的教育手段伤害了孩子的自尊而不安，他会因某一位家长家庭教育方式不当而为孩子忧心忡忡，他会因孩子们由于作业负担过重导致睡眠不足而深深自责……这种种"牵挂""惦记""系念""忧虑""不安""忧心忡忡""深深自责"都不是因为"上面"的"要求""规定""考核"或"一票否决"，而是源于内心深处的职业良知和教育责任。

从这个意义上说，所谓"校长的第一压力"其实是校长自己给自己的，是他事业的内驱力。

刘爱平校长在遗书中写道："我太累了，我想休息了。愧对组织二十多年的教育和培养，在天堂里我愿意继续做老师。"嗯，但愿他在天堂里能够按自己的意愿而不是外在的压力做一个幸福的老师。

更愿所有活着的校长，能够精神独立，行动自主，恪守初心，宁静办学，"从心所欲而不逾矩"，成为一个心灵自由的教育者！

2018 年 6 月 6 日晚

# 请给爱学生的老师以爱学生的时间

——兼析是谁剥夺了老师爱学生的时间

最近我陆续在"镇西茶馆"晒了晒我爱学生和学生爱我的故事，以及相关"文物"和老照片，反响热烈。

有不了解我家庭情况的读者，误以为我是牺牲了家庭幸福，不管爱人孩子，而"一心扑在学生身上"。这真是误解。因为我爱人性格很内敛，为人很低调，决不许我在文章中写她，也不让我在微信上展示她的照片，所以包括我的家庭教育著作也很少涉及她——当年写《做最好的家长》时，我说："写女儿成长不提你，别人还以为女儿长期生活在单亲家庭呢！"但她依然不许我提她，我当然得尊重她的意愿。

其实她曾长期和我在一个学校工作，我的学生很多她也熟悉，或者说也是她的学生，所以我和学生的许多活动，她往往都参加。在我带学生活动的许多黑白老照片中，就有她的形象，我和学生当年的许多黑白照也都是她拍的。当然，她对我工作的理解和支持，我一直心怀感激。

后来有了女儿，女儿也经常参加我和学生的活动。我的父母是教师，她的父母是教师，我女儿现在也是教师。因此，教育是我们共同的生活和享受。

还有一些老师在被我的故事感动的同时，也发出感慨："您那个时代允许您这样做，可我们现在却没那么多时间，想爱学生也没时间去爱啊！"

我得说明，从80年代到前几年我当校长时，几十年来许多情况是发生了一些变化，包括我的工作量。比如，刚工作时，我在乐山一中教一个班的语文，同时当该班的班主任，学生 50 ～ 60 个，有时候学生人数超过 60 个，这的确让现在许多学校大班额的老师十分羡慕。

但 90 年代我在成都玉林中学工作时，工作量常常超负荷，比如我曾经教高二全年级三个班的语文课，同时担任其中一个班的班主任；该班高三毕业后，我又同时教初一两个班的语文课，同时担任这两个班的班主任（我自愿争取的），两个班学生总数 131 人。后来到了成都石室中学轻松了一些，教一个班并担任该班班主任。但我到了武侯实验中学后，当校长的同时还担任班主任，这个工作量肯定不轻松。

但无论教一个班当班主任，还是当班主任的同时教几个班的语文，或是当校长同时当班主任，我的两个"传统"（学生给我概括的）没有变：为学生读小说，带学生出去玩儿。

所以我说，对于不爱教育也不爱学生的人来说，就算工作量再轻松他也不会把时间用于爱学生的。而只要真正爱教育爱学生，总可以相对地挤出一些时间爱学生。

注意，我这里说的是"相对地挤出一些时间"——我写到这里特别注意措辞严谨。

所以，我还得把话说回来——就算都爱学生，时间充裕一点总还是要方便一些。毕竟教师对学生的爱，除了班级里和课堂上自然而然的尊重与关怀，还是得专门花一些时间在学生身上。比如，我当年给学生写信、一对一和每个学生谈心、按学号轮流挨个家访、为学生读小说、带学生出去玩儿……这都需要时间的。

而我们现在许多真诚爱教育爱学生的老师的确没有时间，这还真不是"借口"。

那么，我们老师的时间哪去了呢？

一是超负荷的工作量。据我所知，现在不少学校编制严重不足，教师严重缺编，于是一个顶俩。许多老师往往教两个班的语文或数学还要当班主任，每周的课时自然很多，需要批改的作业自然也很多，就算想多给学生搞点活动，也心有余而力不足。当校长时，我很惊讶地知道，尽管武侯实验中学的老师不够用，可一旦根据有关文件精神核算编制，居然还"超编"！我现在都想不通，既然改革开放四十年来我们的国力大大增强，为什么不让师生比宽裕一些呢？说到底不就是多一些财政拨款吗？

二是超大的班额。我记得以前中小学"法定"的班额好像是55个左右，后来改为50个，最近又听说是45个，但现在全国许多学校的班额远远超出这个标准。一个班一百多人还不是个别。有一次我去某省讲课，下飞机和教育局的同志聊天，问及班额，他说："我们现在好了，实行小班化教学。"我问"小班化"是多大班额，他说："也就七八十个，绝不超过90个！"我大惊："不超过90个还是'小班化'？"他说："我们以前的班额都是上百啊，多的时候120个以上。"这样的班额，你让老师每天找一位学生谈心，轮一遍都得两个月，你还指望老师能够给每个学生写信？

三是各种形式主义的教育教学要求。我一直认为，教育是一件很朴素的事，教学常规也就那么几条。但现在却把简单的事复杂化，又把复杂的事繁琐化，再把繁琐的事精致化——所谓"痕迹管理""精细管理"应运而生。结果是苦了我们的老师们！比如，找学生谈个心，需要填表和拍照，还要有"效果反馈"；去家访，也要填表、拍照；迎接某项督导或验收，需要手写教案，于是熬更赶夜地弄虚作假，一个通宵可以写出一个学期的"原始"教案；还有写各种规定字数的"收获""体会""总结"；还有形式主义的网上"继续教育"，以及各种"微信群"、App 需要应付……

四是各种"球莫名堂"（四川方言，即莫名其妙，毫无道理）的非教学"任务"。创卫（文）、迎检、禁毒，各种各样的"进校园"和"从娃娃抓起"，以及源源不断的"会议精神"的学习……这些事都伴随着写材料、填表、拍照等等不胜其烦的琐事，耗费了老师们大量的青春与生命。如果把其中做任何一件事的时间用于和学生谈心，都更有意义得多！

夺去老师们爱学生的时间的，肯定远不止上面四个原因，但这四条已经让老师们心力交瘁，甚至对本来热爱的教育心生怨恨了。许多老师一边做这些事一边在心里咒骂着，可又绝不敢流露出半点不满，相反，在表面上还要装出心甘情愿的样子。

——人生之痛苦，莫过于此。

本文的题目是《请给爱学生的老师以爱学生的时间》，严格说起来，这个题目是有问题的，因为前面没有称呼——请问，是在向谁呼告与请求？"校长，请给……""学校，请给……""局长，请给……"，好像都是，好像都不是。正因为找不到呼告和请求的对象，我才觉得问题严重。可怕的不是老师们的时间（这些时间就是老师们每分每秒的青春与生命啊）被无情而无端地剥夺，而是我们找不到剥夺我们爱学生的时间的"罪魁祸首"。这才是真正可怕的。

但是，我还是要苍白地呼吁——

请让教育回到素净的教育；

请让校园恢复宁静的校园；

请让教师成为纯粹的教师；

请给爱学生的老师以爱学生的时间！

2018 年 11 月 23 日于上海至绍兴的高铁上

## 《教师法》第二十五条的落实，
## 为什么一定要让总理亲自过问？

最近，在浩如烟海的信息中，有一则消息让所有教师关注且兴奋——

国务院总理李克强主持召开了国务院常务会议。会议强调要强化地方政府责任，确保义务教育教师平均工资收入水平不低于当地公务员平均工资收入水平。凡未达到上述要求的都要求限期整改达标，财力较强的省份尤其要优先加快进度，各地要定期向教育部、财政部报告落实情况，国务院适时开展督查。

这的确是一个好消息！虽然在此之前，这样的好消息我们已经听过很多次，但这次依然让我们再次燃起希望。

对教育上各种形式主义、折腾学校的"督导"啊"验收"啊"检查"啊，我很是反感，唯独对"国务院适时开展督查"我很欢迎——我想，所有老师都是很欢迎的。

只是我在想，如果"限期整改"依然没有"达标"的地方政府官员，又如何处理呢？

我们常常看到一些官员因为渎职被撤职和查办，也曾看到不多的官员因工作失误造成严重后果而引咎辞职。可是，自1994年《教师法》颁布实施以来，这么多年过去了，至今没看到任何一个没有落实第二十五条（"教师的平均工资水平应当不低于或者高于国家公务员的平均工资水平，并逐步提高"）的地方官员被处理。

是因为每个地方政府对《教师法》第二十五条都落实得很好吗？显然不是。对此我不用多说，更不用多举例。

本来对于没落实第二十五条的地方政府，《教师法》第三十八条已经有明确规定："地方人民政府对违反本法规定，拖欠教师工资或者侵犯教师其他合法权益的，应当责令其限期改正。"没有落实第二十五条，至少可以归在"侵犯教师其他合法权益"里吧？那理应依法"责令其限期改正"。

这第三十八条还没完，还有："违反国家财政制度、财务制度，挪用国家财政用于教育的经费，严重妨碍教育教学工作，拖欠教师工资，损害教师合法权益的，由上级机关责令限期归还被挪用的经费，并对直接责任人员给予行政处分；情节严重，构成犯罪的，依法追究刑事责任。"

看看，"损害教师合法权益的，由上级机关责令限期归还被挪用的经费，并对直接责任人员给予行政处分；情节严重，构成犯罪的，依法追究刑事责任"，已经够明确够严厉了，关键是落实。

在这次国务院的专项督查中，我希望没有这样的官员；但如果真有这样的官员，我希望能够对他们依法处理，以实现处理不落实《教师法》第二十五条官员的"零的突破"。

写到这里，突然想到，24 年前颁布实施的《教师法》对教师待遇就已经有明确的规定，对不执行规定的地方政府也有明确的处理意见，可为什么还要等总理亲自过问呢？

如果这次总理不主持召开国务院常务会议，不强调"要强化地方政府责任，确保义务教育教师平均工资收入水平不低于当地公务员平均工资收入水平"，不发出"督查"的最后通牒，难道《教师法》就只是废纸一张吗？

2018 年 8 月 3 日

# 强烈要求严惩乐至县暴打教师的凶手！

　　据今天（6月10日）的《成都商报》消息：6月8日晚，四川省乐至县某中学高三（14）班班主任杜老师因在校期间教育屡次上课玩手机、迟到和影响班级的学生，遭溺爱孩子之家长带来两人暴打，以泄私愤，致使他全身多处皮外伤和头痛头晕，他当时抱着的3岁娃娃也可能被打到或受到惊吓。目前，受伤的杜老师依然躺在医院的床上。

　　"高考结束，育你三年，却换来一顿毒打。"两天来，网上针对这起暴打教师事件的这句话，戳痛了无数人的心。

　　如果说，前几天深圳民警护送雨中的考生却被其家长举报说"孩子淋湿了"，这样的家长让我们莫名惊诧，那么，乐至县这位约人来打自己孩子高三班主任的家长，简直就让我们无比愤慨。几年来，教师被打虽然不普遍，可似乎也不算罕见；然而孩子刚刚高三毕业，家长就对有恩于其子的老师如此施暴，则让人难以相信，更令人发指！

　　"本以为他们约我，只是想感谢我，根本没有想到会被报复。"躺在床上的杜老师这样说。和恩将仇报的家长相比，杜老师善良而天真。

　　和以往教师被打不同，这次约人来打杜老师的学生父母，均是教师，其中涉事学生的父亲还曾经担任过副校长！在我的印象中，好用拳头解决问题的，往往都是没有文化的"大老粗"，但这次竟然是同为教师（其中一人还曾经是副校长的教师）纠集打手施暴，我愤怒的心情已经不能用

"相煎何太急"来表达了。虽然同样是教师身份，但他们已然是有文化的流氓，是教师中的败类！这样的流氓，还留在教师队伍中干什么？

而事件中的一个打人凶手竟然是乐至县住建局党委委员、房屋征收局副局长，名叫"刘剑"。作为"党委委员""副局长"，论人品修养应该远比普通教师要高很多很多，论思想境界更非普通老百姓能够相比。但现在，刘副局长居然以黑社会打手的形象进入公众视野。这样的流氓，还留在党员和干部队伍中干什么？

教师谋害教师，官员殴打教师，让这起事件与以往教师被侮被打有了区别，更让人看到了这个社会某些方面的扭曲。难道涉事学生的父母不知道感恩孩子教师的道理？难道刘副局长不懂尊重教师的道理？这显然是明知故犯。有文化的流氓更可怕！

乐至县是陈毅元帅的故乡。新中国成立之初，作为上海市长的陈毅元帅尊师重教，留下了许多佳话；前几年，陈毅之子陈小鲁向"文革"中受迫害的老师鞠躬致歉，也被舆论点赞。现在，陈毅家乡出了这么个丑闻，真是给陈毅元帅丢脸！

据报道，6月10日下午，乐至县公安局及相关部门介绍，因涉嫌寻衅滋事，包括刘副局长在内的两名打人者被警方处以行政拘留15日，各罚1000元的处罚。

就这么了了？约人打杜老师的那两个家长呢？什么事都没有吗？把人打得那么惨，至今还躺在医院床上，凶手关15天，再罚1000元，就没事了？

我想，所有善良的人都会对这个处理结果不满意的。我们有理由要求有关部门依法严惩包括策划者在内的凶手！

我们拭目以待。

2018 年 6 月 10 日晚

# 教师神圣不可侵犯

——建议从法律上加大对殴打教师者的惩罚力度

有人会问了："你说'教师神圣不可侵犯'，难道医生就可以侵犯？难道警察就可以侵犯？人权平等，人人都不可侵犯，何以单说'教师神圣不可侵犯'？"

是的，人人都不可侵犯，可是为什么在所有军事单位大门外的岗哨前都有一块牌子，上书"哨兵神圣不可侵犯"？因为第一，哨兵有遭到侵犯的可能性；第二，哨兵的使命特殊，不容侵犯。好，同理可推——

第一，教师目前也面临侵犯的可能性——不不不，我说错了，不是面临侵犯的"可能性"，而是侵犯教师已成为触目惊心的现实。最近，全国教师被殴打的事例，比比皆是，令人发指。不少朋友给我截图或转发有关教师被殴打的消息，我都麻木了。所谓"麻木"，不是我愤怒的心已经冷却，而是愤怒得不知说什么了。谴责的已经谴责，抨击的已经抨击，但一支秃笔抵不过凶手的铁拳。我还能说什么呢？

第二，教师同样负有特殊使命，这是不需要论证的。我们用尽了许多庄严的语言描述教育和教师的重要，什么"百年大计，教育为本；教育大计，教师为本"，什么"关系着国家的命运，民族的未来"……我还说过，一个国家最重要的部门就是国防与教育——前者关系着国家的安全，后者关系着民族的灵魂。你说，如此特殊的使命，我们不应该在全社会强化"教师神圣不可侵犯"的意识吗？

不仅仅是强化意识，我觉得还应该通过法律来保证教师的人身安全不受伤害。就目前而言，我看到的几例殴打教师的案件，凶手最后受到的处罚都是罚款数千元、行政拘留几天或十几天。这当然是依法处罚的，因为根据目前的相关法规也就只能这样。但我们能不能通过合法程序修订相关法规，加大惩罚殴打教师者的力度？如是，才能让殴打教师者感到来自法律的震慑，而不得不有所收敛。

有人可能会质疑："法律面前人人平等。凭什么教师就要特殊一些？"教师是否"特殊"，我上面已经有过论述，这里不再重复，我只想强调一点：对某些特殊的刑事案件依法加大惩罚力度，是符合法制精神的。有一个词叫"袭警"，类似"袭击哨兵"，后果是很严重的，好像大家也没有质疑："凭什么袭击了警察或哨兵，后果就特别严重？"

当然，我们不但听说过教师被打，也听说过医护人员被打，环卫工人被打，小商小贩被打，讨薪民工被打（对了，前不久讨薪教师也"享受"了类似"待遇"）……因此，不独独针对教师被打修改相关法规也行，只要相关法规提高惩罚打人者的力度，无论打的是谁，都让行凶者付出沉重的代价，这个要求不算过分吧？

什么时候，学校大门外能够矗立着"教师神圣不可侵犯"的牌子，殴打教师者能够被处以巨额罚款、失去公职甚至被判刑入狱，教师的人身安全或许会得到保障。

我为提高教师待遇写过建议文章，我为减轻教师负担写过呼吁文字。今天我居然撰文请求给教师以人身安全的法律保障，我突然有些不好意思，同时感到有些悲哀……

2018 年 7 月 8 日

# 如果老师把家长的事都做了，要你家长干什么？

## ——强烈建议国家制定《中小学校园安全工作法》

如果有这么一位老师，时不时（或者甚至是每天）都给家长发短信提醒：要注意孩子在家一日三餐吃饱吃好，别让孩子饿着肚子，还要注意营养，别让孩子挑食；要根据天气变化适时给孩子增减衣物；如果孩子感冒了要及时送孩子去医院看医生……

对这样的提醒，你会有什么感觉？

反正我感到很奇葩。"奇葩"之处不在于老师的提醒本身，相反我对这样的老师由衷敬佩——这是多么有责任心的老师啊！只是在敬佩的同时，我更多的是感到一种教育的悲哀，这份悲哀是由家长失职导致的——这位老师对家长提的要求，每一条都是家长的分内之事，还需要老师提醒吗？但家长本来该做的事，居然要老师郑重提醒，这只能说明，被提醒的家长是不合格的。

"有这样的提醒吗？"也许有人会以为我在夸张。当然有！这不，我今天就看到一份类似的提醒。

某省教育厅发布了《致全省中小学家长寒假学生安全的警示》（以下简称《警示》），都"警示"些什么呢？"要教育孩子不要在河流、池塘、水渠等水域滑冰、玩耍，严防溺水""未成年人外出要由家长陪同""严防冬季燃煤取暖煤气中毒""教会孩子安全燃放烟花爆竹""教会孩子预防火灾的基本常识""教育孩子安全用电、用气"……为了防止读者以为我断章取义，我特在本文后面附上这份《警示》的全文。

应该说，该省教育厅是本着对全省中小学生生命安全的高度负责发出这份《警示》的，因此，我向该省教育厅厅长表示真诚的敬意，因为他心中装着所辖中小学的每一个孩子！但这份《警示》在体现出该省教育厅高度的负责精神的同时，却暴露出相当一部分家长失职。我说"相当一部分家长失职"有着充分的依据，依据就在于这份《警示》的标题是"致全省中小学生家长"，如果只是个别家长，省教育厅用得着发这么一份通知吗？

但是请问，《警示》中的哪一条不是作为一个家长对孩子应尽的起码责任？游泳安全、预防火灾、正确用电之类，难道不是每一个家长在孩子小时候就应该告诉并教会他的吗？如果是在学校，学生的这一切由老师负责，这是没问题的。可这是寒假啊，家长是孩子的第一监护人，"监护"什么呢？除了养育，不就是《警示》中所列的安全注意事项吗？现在，省教育厅以公开发文的形式提醒"全省中小学生家长"，这不正说明为数不少的家长根本没有把自己孩子在家的安全放在心上吗？

固然，学校教育和家庭教育的确不可截然分开，孩子的品质培养、能力提升既是老师的事也是家长的事，但老师对于孩子在家的表现——自觉学习、勤做家务、尊敬长辈等等，只能利用在校时间进行一些相关教育，而不能也没法监控孩子在家的一举一动——老师也没这个义务。孩子在家的安全，更不是老师的责任——老师如果在学校对学生进行了相关的安全教育，包括放学或放假前提醒学生回家路上以及在家的安全注意事项，那就已经尽到自己的责任了。而学生离开学校后，在节假日期间发生的任何安全事故，只能由其"第一监护人"家长负责。

但是，现在学校面临的尴尬，或者说老师所遭遇的不公正，就在于一些（不是大多数，但绝非个别）家长把自己该负的责任一股脑儿全推给了学校和老师。这样的新闻已经不是"新闻"了——孩子放学路上出了交通事故，或者在假期下河游泳不幸身亡，家长不由分说会到学校"讨说法"，找班主任，找校长，找局长……总之，无论什么原因，只要学生受了伤害甚至死亡，相关的家长、亲属等往往会把责任统统推给学校，进而提出种种无理要求，甚至漫天要价，达不到目的就组织亲戚朋友大闹学校，在学校门口摆花圈、设灵堂，严重干扰学校正常的教育秩序。为此，校方不得不将几乎所有精力用于应付家长的纠缠，哪还有精力抓教育？

而且，无论家长怎样胡搅蛮缠，考虑到"稳定"，害怕家长上访"闹事"——家长就吃准了这个——学校和教育局往往都是息事宁人，迁就退让。如此一来，学校成了"无限责任公司"，于是校长和老师的第一压力居然不是教育教学质量，而是学生的安全——如果这个"安全"指的是学生在校的安全，那学校和老师当然认了，可很多时候明明是学生家长的责任，也要学校承担，要老师承担，这是什么逻辑？

本来遇到这样的事故，理性正确的做法是，要么调节协商，要么司法解决。但相当多的家长没有理性，只找学校闹。学校教育和家庭教育当然需要配合，但老师和家长谁该做什么谁不该做什么，必须有一个明确的界线，教育理念要达成统一，教育原则要共同遵守，但家长不应该对学校教育说三道四（通过合法的民主渠道和程序参与学校管理，是另外一回事），老师也没有义务管到学生回家后的吃喝拉撒，包括用电安全、防止中毒之类。当然，要做到这一点，光靠学校和家庭（老师和学生家长）口头约定是远远不够的，必须靠法律来保证。所以，我一直希望国家能够制定《中小学校园安全工作法》，明确学校安全工作范围、相应的法律责任及相关安全事故的认定和处理办法。

我查了一下，2002 年国家教育部发布了《学生伤害事故处理办法》，对事故的责任、事故的处理程序、事故损害的赔偿等都作出了明确的规定，按理说应该有规可依。但《学生伤害事故处理办法》对处理程序的规定是："发生学生伤害事故，学校与受伤害学生或者学生家长可以通过协商方式解决；双方自愿，可以书面请求主管教育行政部门进行调解。……经教育行政部门调解，双方就事故处理达成一致意见的，应当在调解人员的见证下签订调解协议，结束调解；在调解期限内，双方不能达成一致意见，或者调解过程中一方提起诉讼，人民法院已经受理的，应当终止调解。"

也就是说，事故一旦发生，就是学校直接面对家长展开"交锋"，结果可想而知。尽管有教育部发布的《学生伤害事故处理办法》，但该"办法"毕竟不是法律文本，缺乏强制性，因而在实践中往往形同一纸空文。

为此，我强烈建议——

第一，明确制定相关法律法规。由于学校毕竟是公益事业单位，国家政府部门有公共管理的职责，学校安全事故的责任划分、处理等等，都需要有明确的法律、法规规定，只有这样才有权威性，才能预防和减少事故的发生，即使事故发生，也能及时处理纠纷。虽然国家教育部有了一些政策规定，但很不明确，很不规范，而且效力较低，与法治要求相距甚远。所以，应该把中小学校园安全立法提到议事日程上来。目前有的省市对此已经制定了地方性法规，但我希望全国有一部统一的《中小学校园安全工作法》，这样有法可依，可以规范学校、学生、家长的行为，明确是非曲直，给校园安全一个"说法"，早日结束学校安全无法可依的局面，让学生、家长、学校规范自己的行为，依法办事。

第二，成立相应的校园安全事故处理机构。这个机构应该独立于学校与教育行政部门之外，类似于"第三方"，负责处理校园安全事故。一旦学校出现安全伤害甚至伤亡事故，该机构便负责对事故依法作性质鉴定、责任认定，并进行相应的调解，维护学校、学生的合法权益。如双方或其中一方不服该机构调解，可再向人民法院提起诉讼，以人民法院的裁定书、判决书或调解书为最终结果。而这一切程序都由该机构代理，以防止学校的教育秩序不受事故干扰，也公正维护各方的权益。

如果这样，一旦学生出现安全问题，学校不用担心学生家长扯皮，大家都听法律的，该谁的责任就是谁的责任。依法治校，就从这里开始。

如果这样，学校、教育局乃至教育厅也就用不着给全体学生家长发什么"寒假安全警示"之类的通知了。

如果这样，少数不负责任的家长或许会明白一个简单的常识：如果老师把家长的事都做了，还要你这个家长干什么？你根本就不配有孩子！

2018 年 2 月 12 日晚

# 致全省中小学生家长寒假学生安全的警示

尊敬的中小学生家长朋友：

寒假已至，学生放假回家欢度春节。在此，××省教育厅恳望你们一定要尽到监护人的责任，教育、看护好自己的孩子，避免发生安全事故。特别提示广大家长朋友做到以下几点：

一、今年是暖冬天气，冰层很薄。要教育孩子不要在河流、池塘、水渠等水域滑冰、玩耍，严防溺水。特别是初中生、小学生发现同伴溺水时不要盲目施救，要智慧救援、见义"巧"为，应该立即寻求成人帮助或报警。

二、未成年人外出要由家长陪同。孩子出行、旅游注意交通安全，遵守交通法规，不乘坐没有安全保障的车辆和超速超载车辆。

三、教会孩子防范煤气中毒的知识和方法，特别是农村地区的孩子，一定要严防冬季燃煤取暖煤气中毒。

四、教育孩子不要在禁放区燃放烟花爆竹，教会孩子安全燃放烟花爆竹，严禁在楼道、阳台、柴草垛旁、山林等场所燃放烟花爆竹。任何地方都不要燃放大型烟花爆竹。

五、教会孩子预防火灾的基本常识，在日常的生活、学习中做到不吸烟、不玩火。

六、教育孩子安全用电、用气，严防用电、用气安全事故。

家长朋友们，学生安全工作需要各方面尽心尽责、密切配合、齐抓共管。请大家务必增强安全意识，切实承担起监护责任，加强对孩子的教育和管理，让我们共同为孩子们的平安健康成长做出努力。

××省教育厅

2018 年 2 月 11 日

# 不敢苟同
BU GAN GOU TONG

# 人生乐趣就是"刷题"?

## ——读《"刷题"就是人生乐趣》献疑

今天，我读到某报 2017 年 6 月 23 日第 2 版的一篇文章:《"刷题"就是人生乐趣》。该文写的是今年四川省高考理科考出 720 分的黎某某同学。

我一看标题就吃了一惊，即兴在微信朋友圈里发表简短评论——

作为个人兴趣，把"刷题"当作人生的乐趣，无可厚非。可如果在媒体的导向下，孩子们都以"刷题"为人生的乐趣（注意，不只是学习的乐趣），这样的教育太可怕!

我这几句话有两层意思:第一，如果这女孩真的把人生的乐趣都倾注在"刷题"上，这是她的个人选择，别人无权干预。要说以"刷题"为人生乐趣的人，我记忆中首推陈景润。在徐迟的《哥德巴赫猜想》中，陈景润不要命地痴迷刷题，已经到了让旁人目瞪口呆的地步了，但人家因此而成为世界级的数学大师。所以，黎某某同学以后成为一位科学大师也未可知。第二，作为有导向作用的媒体，则不应该渲染这种纯属个人的"乐趣"，毕竟对大多数人来说，也许在求学特别是应试的某一个阶段会把"刷题"当作乐趣，但不会把它当作"人生乐趣"。作为教育者，正是要警惕我们的教育只有"刷题"，更要防止孩子的人生只有"刷题"。

后来我担心自己只读标题而断章取义，于是我认真读了全文，而且读了两遍。结果我发现，整个文章写得还真不错，不但反映了黎××同学在学习上的独特之处，还全面反映了她的音乐爱好和家庭教育。黎××同学真是一个品学兼优的可爱女孩。抛开题目不论，这真是一篇好文章。

但如果看标题，两个问题就出来了：第一，文不对题。无论是文章表达的中心还是呈现的内容，都不是简单的一句"'刷题'就是人生乐趣"所能概括的。文中和这个意思直接相联系的是下面这两段——

黎××属于典型性学霸，她说特别享受"刷题"的过程，"有时候很无聊，就拿两套题出来做呗"。黎××每个星期会制定详细的学习计划，甚至要精确到每一天、每一个小时。黎××的教材和练习册放在书架上，几乎每一页都标注了很多符号。她每个星期会写一篇周记，把当周在学习中遇到的问题以及心情记录下来。她说，有时候状态不好，写周记的过程也是自我梳理的过程，所以十分有必要。

黎××说，很多人说反对题海战术，但在她看来，没有足够的练习，没有见过足够多的题型，在考场上是没有自信的。

这是说黎××同学学习特点和应考方法的，只占全文的一小部分。用对这小部分内容的概括来作为文章的标题，显然不妥。

第二，"'刷题'就是人生乐趣"这话是记者说的，并非黎××同学说的。因为我找遍全文，没看到黎××有这样的话。"有时候很无聊，就拿两套题出来做呗。""黎××说，很多人说反对题海战术，但在她看来，没有足够的练习，没有见过足够多的题型，在考场上是没有自信的。"这是黎××针对应考技巧说的，我看不出她有把"刷题"上升到"人生乐趣"高度的意思。因此，这话完全是记者的意思。

我相信，记者的初衷是好的，是想通过黎××来激励更多的孩子勤奋学习，取得优秀成绩。但如此以偏概全地把一个全面发展、生动活泼的黎××说成是将"刷题"当作人生乐趣的书呆子，显然和黎××本来的形象相距甚远。这反映了记者潜意识里"应试教育"的残迹。

又说到"素质教育"和"应试教育"了。最近我刚好思考并写了不少相关文字。简单说，素质教育追求的是包括强大的应试能力和优秀的考试成绩在内的全面发展（谁说素质教育不要考试成绩呢？），而应试教育则将教育的其他价值取向剥离抽干，只追求应试能力和考试成绩，使得本来内涵丰富多彩的教育只剩下两个字："刷题"！——所谓"'刷题'就是人生乐趣"！

最近，公开质疑"素质教育"和赞美"应试教育"的言论时有出现。前不久我写了一篇文章旗帜鲜明地捍卫"素质教育"，理直气壮地批驳"应试教育"。我这样写道——

现在有人对"素质教育"的批评和对"素质教育"的赞美，都是建立在这样的"逻辑"上的：

第一，把"考试"从素质教育中抽离出来，然后对素质教育大加讨伐："素质教育不要考试！""没有考试的教育，还叫教育吗？"相当于首先强行把一个人的衣服剥光，然后嘲笑他："他不穿衣服！""衣服都不穿，还叫人吗？"

第二，把"应试"和"应试教育"混为一谈，然后理直气壮地反问："难道教育可以不要考试？""有应试的教育，有什么不好？"相当于一个人吃饭时只吃盐，不吃其他，别人批评他，他却说："难道人能够缺少盐吗？""没有盐的食物，还叫食物吗？"而人们批评他的，并不是他"吃盐"，而是他"只吃盐"。

一般来说，人生的乐趣显然不应该只是"刷题"，如果我们的教育只剩下"刷题"，如果我们的孩子只以"刷题"为人生乐趣，这是我们教育的悲哀。作为有影响的媒体人，不应该助长这种"悲哀"，而应该对教育有更全面科学的理解，进而成为素质教育的鼓吹手。

我这个期待应该不算苛求。

2017 年 6 月 26 日晚

# "素质教育"是"伪命题"吗？

—— 与罗崇敏先生商榷

## 一

我原以为，尽管素质教育的实践依然困难重重，但毕竟素质教育的理念已经深入人心。经历"艰辛探索十年"的我和我的同龄人，都熟知列宁说过的一段话："马克思主义在理论上的胜利，逼得它的敌人装扮成马克思主义者，历史的辩证法就是如此。"同理，素质教育在理论和实践上的高歌猛进，逼得一切搞应试教育的人也不得不装扮成素质教育理念的坚定拥护者和积极实践者。你看，尽管有些学校被称作"高考集中营"，但每次这样的学校在宣传自己时，都是说自己怎样搞"素质教育"，怎样有"人文关怀"，怎样"严格遵循教育规律"……

不过，我现在觉得自己好像过于乐观了一些。因为我最近发现，为"应试教育"大唱赞歌，同时抨击"素质教育"，甚至把这两个概念都称为"伪命题"的言论多了起来。

其实，类似的言论一直都有，只不过以前都是在私下说，公开说的并不多。可最近一段时间，我先是读到了陆建国局长谈"应试教育'政治正确'"的长篇大论，后又读到了我亦师亦兄亦友的罗崇敏对"素质教育"这个概念的否定。无论陆局长还是崇敏兄，都是具有教育情怀的人。尤其是崇敏兄，一向以深刻而富有见地且敢于直言的胆识让我肃然起敬，前年

12月我还专门请他到成都来给我的徒弟们讲过课。总之，就做人和学问而言，崇敏兄显然远高于我，无论怎么表达我对他的敬意都不过分。但在"素质教育"这个问题上，我却愿意学习崇敏兄"唯真理是从"的精神，明确表达我的不敢苟同。和而不同，公开"叫板"，当仁不让，肝胆相照，这就是我理解的"君子之交"。

陆建国局长的观点及其"逻辑"早已被许多人驳得"体无完肤"，我就不重复了。我今天想向崇敏兄"开炮"：素质教育是"伪命题"吗？为了体现论辩的严肃性，下面我将"崇敏兄"临时改称"罗崇敏先生"或"崇敏先生"；为避"断章取义"之嫌，我将大量引用罗崇敏先生的原文。虽然这样一来，会让文章显得冗长，但这是为尽可能严谨准确地批评必须付出的代价。

二

罗崇敏先生这篇集中质疑"素质教育"概念的文章，题目为《两个伪命题戕害中国教育》。崇敏先生所说的"两个伪命题"指的是"素质教育"和"应试教育"。

崇敏先生开篇便说——

我始终认为"素质教育"和"应试教育"是两个伪命题。因为它们是两个不真实的命题，既不符合客观事实，也不符合一般事理和科学道理；既不是先天的分析命题，也不是通过经验判断的经验命题。在理论上，对两个命题的内涵和外延没有明确界定，命题判断都是似是而非，莫衷一是；在实践上，我们无法判断中国哪一所学校在做素质教育，哪一所学校在做应试教育；在逻辑上，提高素质是教育的目的，应试评价是教育的手段，把素质教育和应试教育作为对立的同位概念使用违背教育逻辑，使教育无法科学地建立素质体系和评价体系。

这首段是罗崇敏先生整篇文章的纲，后面的每个段落都是这段话的展开。好，我就从这段话驳起。

开篇第一段的第一句话，罗崇敏先生就犯了一个逻辑错误——混淆了"命题"和"概念"的区别。从逻辑上讲，所谓"命题"应该是一个表判断陈述的句子，比如："人是动物"或"人能够制造和使用工具"。所谓"概念"是指反映事物的本质属性的思维形式——这样说有点抽象，通俗地说，概念其实就是把我们所感知的事物的共同本质特点抽象出来，加以概括，这是一种思维形式，而体现在语言上，便是一个名词或词组，比如"人"或"中国人"。所以，词典上这样解释道："概念是人类对一个复杂的过程或事物的理解。从哲学的观念来说，概念是思维的基本单位。在日常用语中，人们往往将概念与一个词或一个名词同等对待。"由此可见，无论"素质教育"还是"应试教育"，都是"概念"，而不是"命题"。如果崇敏先生认为这两个概念不真实，可以说它们是"伪概念"，却不能说是"伪命题"。

## 三

好，就算我们理解这是罗崇敏先生在用词上的疏忽，将他说的"伪命题"修正为"伪概念"，即"'素质教育'和'应试教育'是两个伪概念"，那么他要表达的意思是不是就对呢？我认为依然不对。

请看，崇敏先生接下来分析，这两个"伪命题（概念）"不真实："既不符合客观事实，也不符合一般事理和科学道理；既不是先天的分析命题，也不是通过经验判断的经验命题。"注意，在这里，两个"既不……也不……"的句式从逻辑上讲是不搭配的。我查了查"百度百科"，解释是这样的："伪命题是指不真实的命题。所谓不真实，有两种情况：其一是不符合客观事实；其二是不符合一般事理和科学道理。另一种解释是指没有意义的命题，无法断定其真假，既不是先天的分析命题，也不是可以通过经验判断的综合命题。比如，'团结比原子弹还厉害'，'凡事都有例外'这类命题就属于伪命题。"在这里，"百度百科"说的是"不真实"的两种情况，而"既不是先天的分析命题，也不是通过经验判断的经验命题"指的是"另一种"不真实，即"没有意义的命题，无法断定其真假"，解释者还举了一个例句："凡事都有例外"，就属于典型的"没有意义的命题"，因为不言而喻，说了等于没说。但是，崇敏先生在引用这个解释时，将两种情况杂糅在一块，完全没有针对性，因此对他要批驳的"伪命题"完全没有杀伤力，因为很简单，这段解释说的是"伪命题"，而崇敏先生要驳倒的实际上是"伪概念"。

好，让我再一次顺着崇敏先生的思路"将错就错"。就算他的论据是针对"伪概念"的吧！又怎么样呢？他说，其一是不符合客观事实；其二是不符合一般事理和科学道理。这里，他引用的是对"伪命题"第一种情况的批评。好，就算用于批评"应试教育"和"素质教育"的概念，似乎站得住脚，而且符合逻辑：应试教育"不符合客观事实"，素质教育"不符合一般事理和科学道理"。但我恰恰认为，应试教育正是对大量客观事实的概括，而素质教育也是符合人们对教育理解、向往和追求的"事理和科学道理"。对此，我下面还会说，这里先点到为止。

## 四

崇敏先生接着说："在理论上，对两个命题的内涵和外延没有明确界定，命题判断都是似是而非，莫衷一是……"这是崇敏先生片面而主观的结论。实际上，无论是严谨的《教育大辞典》（顾明远主编，上海教育出版社1999年版），还是不那么严谨的"百度百科"，对"素质教育"和"应试教育"这两个概念的内涵与外延都有明确的界定。翻翻词典或动动鼠标就可以一目了然，我这里就不大段摘抄了。当然，你可以不同意对这两个概念内涵和外延的界定，但你不能说"没有"。

紧接着，崇敏先生说："在实践上，我们无法判断中国哪一所学校在做素质教育，哪一所学校在做应试教育……"这句话似乎是最雄辩的。是呀，你现在能"你，你，你，还有你"式的去给全国那么多的学校进行标准化鉴别，进而一一贴上"素质教育"和"应试教育"吗？不能。为什么？不是因为这两个概念不真实，而是因为现象总是比已经被抽象出来的本质更加丰富而复杂。即使素质教育搞得非常好的学校，我们也不该排除在某一时段其应试训练也很突出——本来，应试训练并不等于应试教育，但恰恰许多人很容易将二者混为一谈。

所以，如果你说哪所是素质教育学校，有人就会问："他们这么起劲地大搞应试，怎么还说是素质教育呢？"同样的道理，即使全力以赴搞应试教育（注意，不仅仅是应试训练）的学校，也会说："培训学生应试的能力，难道不也是一种素质吗？"人家说的也对。如此看来，你到哪里去找"纯而又纯"的"素质教育"学校和"应试教育"学校？但总体上，体现素质教育理念和实践的学校在中国是显而易见存在的，我们从许多学校都可以看到素质教育的蓬勃景象和生动实践——既有辉煌的应试成绩，也有同样辉煌的"考试以外"学生的人品、能力和素养；既有大都市的名校，也有边远地区的普通学校甚至乡村学校……他们的教育追求，是符合教育的"事理和科学道理"的。除非你装作视而不见，或以"他们的高考不是也很厉害吗？"之类的荒唐理由来质疑——当然，这里我说的已经不是崇敏先生了。而由教育行政部门来认定谁是"应试教育"学校，是一件"得罪人"的事，估计哪个教育局都不会这么做，因为这会"挫伤校长的办学积极性"。大量的学校唯分数是从，唯考试是从，而不惜以牺牲孩子身心健康为代价，说他们搞应试教育是"符合客观事实"的。在大众舆论中，中国哪些学校总体上是典型的应试教育标本，大家心中的指向是很明确的，这里我就不点名了，你懂的。

## 五

崇敏先生承上所论，接着分析："在逻辑上，提高素质是教育的目的，应试评价是教育的手段，把素质教育和应试教育作为对立的同位概念使用违背教育逻辑，使教育无法科学地建立素质体系和评价体系。"

恕我不敬，这段谈逻辑的议论，恰恰违反逻辑。是的，"提高素质是教育的目的，应试评价是教育的手段"，如果仅仅把"提高素质"与"应试评价"作为"对立的同位概念使用"，的确是逻辑上的混乱；但问题是，崇敏先生"提高素质是教育的目的，应试评价是教育的手段"这句说的是"把素质教育和应试教育作为对立的同位概念使用违背教育逻辑，使教育无法科学地建立素质体系和评价体系"，请读者细细研读，这里崇敏先生无意中又有一个逻辑疏忽，甚至犯了"偷换概念"的逻辑错误——"素质教育"可以照应前面的"提高素质"，但"应试教育"却不能照应前面的"应试评价"；在这最细微的地方，崇敏先生偷偷地（也许是无意的）把"应试评价"等同于"应试教育"了——现在太多反对"素质教育"的人正是这样的"逻辑"：难道教育不要考试吗？有考试必然有应试呀？既然必然有应试，为什么搞应试教育就成了罪人了？……呵呵，这些人还理直气壮，咄咄逼人呢！

我不知道崇敏先生在这里说的"同位概念"是一个什么概念，我查了查也没查到解释。我只能揣摩崇敏先生想表达的意思是，因为考试评价是教育不可缺少的一个环节，应试和通过考试检测出来的文化能力素养也是一个人的重要素质之一，所以，不能用"考试"这"单个要素"与"素质"这"综合要素"相对立。这就相当于，作为生物学意义上的动物，"人"和"狗"这两个概念可以并列同位，但"人体"和"手臂"却不能相对，因为手是人体的一部分；但是，当"素质教育"和"应试教育"已经作为一种根本对立的教育思想呈现时，二者当然可以并列同位。这在逻辑上一点问题都没有。

继续上面那个比方，作为分类，"人体"和"手臂"不能相对，但作为成长发展理念，"注重人体的均衡发展"与"只是增强手臂的发展"却是同位对立的！作为培养目标的要素和教育过程的手段，"素质教育"和"应试训练"不是一个层面的概念，但作为教育理念，以全面提高学生素质为核心理念、价值追求与实践导向的"素质教育"，与仅仅以应试为教育全部内容和终极目标（所谓"全部内容"，也只是说明其总体的教育价值取向和主体行为，如果有人非要跟我抬杠，说"哪里去找纯而又纯的应试教育"，我也没办法）的"应试教育"，怎么就不是可以并列并举的"同位概念"呢？

# 六

以上是我对崇敏先生《两个伪命题戕害中国教育》第一段文字的批驳。一步走错，步步皆错。崇敏先生一开始措辞就不准确，从论辩的角度说，已经"输在起跑线上"了。所以，接下来崇敏先生展开的论述，就明显乏力了，有懈可击之处甚多。限于篇幅，我不再逐字逐句剖析，但我还是点评几处吧！

原文——

当年中央一位高级领导说，"素质教育是提高全民素质的教育"，可能他现在也没认识到这样定义的逻辑错误。我们看到的是学校把素质教育具体化，就是吹拉弹唱，琴棋书画，体育项目，校园活动系的"特色教育"。现实中素质教育要么内涵非常小，外延非常大，包含了国家教育的任何内容、方法和体制；要么内涵非常大，外延非常小，具体到每个学生打扫卫生和做眼保健操等。

领导人不是作为词典主编在下定义，而是在提倡一种教育思想。作为定义也许不够严密，但他的说法没错，素质教育当然是着眼于"全民素质的提高"。至于有学校把"吹拉弹唱，琴棋书画"乃至"做眼保健操"都作为素质教育，这恐怕不能一概否定：如果这些活动是学校教育活动的一部分，无可指责，说它们是素质教育的呈现方式之一，一点错都没有；但如果仅仅是"吹拉弹唱"而没有其他教育内容和活动，甚至忽略了更重要的课堂教学和应试训练，说"这便是素质教育"，那倒真是个伪命题。但理解的偏差和实践的荒唐，不能归罪于"素质教育"这个理念。有病得治，这是一个很好的理念吧，但有人病急乱投医，结果做出许多荒唐的举动，你不能怪"有病得治"这个理念吧？同样，崇敏先生后面所批评的"'素质教育是个筐，什么都往里面装'的运动式教育行为，导致学校教育偏离真正提高学生素质的教育方向和目标"，也不能把板子打到素质教育的理念上。

# 七

原文——

古今中外的教育都是为了提高素质，不存在非素质教育……在学校教育中，提出素质教育这样一个命题是毫无意义的。

孤立地看，崇敏先生这几句话我百分之百地赞成。我也写过文章指出，教育就是教育，没必要冠以"素质"的定语，因为我们现在所说的"素质教育"的内涵本身就是教育的固有内涵；所以，在学校提素质教育是荒唐的——还有更"荒唐"的，是在学校倡导"营造书香校园"！难道学校不是读书的地方吗？难道学校本身不是"书香校园"吗？这和饭馆举行"吃饭节"有什么不同？但是，"素质教育"虽然是一个荒唐的概念，它的出现却是一种无奈的强调，因为当我们本来内涵丰富的教育只剩下两个字——"刷题"的时候，我们通过"素质教育"来强调并提醒人们：不要忘了"教育的初心"，不是应该的吗？所以我说过，在当下，"素质教育"是一个荒唐的概念，也是一个无奈的概念，更是一个必需的概念！同理，当学校居然不读书（这里的"读书"当然不只是读教材）的时候，我们提倡"营造书香校园"，也是无奈而必需的。

写到这里，我想到杜威在其《民主主义与教育》一书中谈到教育目的究竟是"个人本位"还是"社会本位"时，曾经这样写道："我们并不去强调不需要强调的东西——这就是说，有些东西已经很受重视，就无需强调。……在一定的时期或一定的时代，在有意识的规划中，往往只强调实际上最缺乏的东西，这并不是一个需要加以解释的矛盾。"杜威这段话非常精辟地说明，在特定的某一时期，人们强调的总是那个时期所缺失的。我们今天强调"素质教育"之"素质"，正是针对当下教育中本来应有的"素质"之缺失！从这个意义上说，"素质教育"在当代中国，还真是必要的概念和必需的理念。

其实，几年前著名学者郑也夫曾从"素质"的定义质疑过"素质教育"这个概念。他认为,"素质"本来是先天的,先天的怎么培养?这个质疑是对的,但有些迂腐。因为词语所表达的概念内涵在社会运用中总是在发生变化,或更丰富,或更狭隘。这样的例子可以举很多。而"先天素质可以培养"这个"矛盾"在《教育大辞典》中已经得到"自圆其说",即人们已经赋予"素质"这个词以"后天环境、教育影响下形成"的意义,至少20年来,人们已经约定俗成接受"素质教育"这个概念了。所以,郑也夫不必那么"钻牛角尖"。

# 八

原文——

应试教育是个不真实的命题。凡是教育都要应试,没有不应试的教育,不能把应试作为一种教育理念或教育思想,只能作为教育手段的命题。百度百科对应试教育是这样界定的:应试教育是指与社会发展需要脱节,以应付升学考试为目的的教育理念和教育方式。这显然是把一种教育评价手段当做了教育思想和教育理念,又贬低甚至污化了教育"应试"的评价手段的价值。提高素质是教育的目的,应试评价是教育的手段,把目的和手段作为二元对立的同位概念来使用,严重误导师生将应试作为目标价值。

首先我要说,"百度百科"对应试教育的界定不甚严密,但大体不错。因为应试教育的确就是"以应付升学考试为目的的教育理念和教育方式"。崇敏先生之所以批评"这显然是把一种教育评价手段当做了教育思想和教育理念"(其实,在这里,"思想"和"理念"是一回事,崇敏先生概念重复了),可能是因为粗心地把"百度百科"的解释中"以应付升学考试为目的"之"目的"二字漏掉了。而这两个字正是"应试教育"与"素质教育"作为教育理念与实践截然不同且本质对立的根本点。

前面说了,教育怎么能够没有升学考试呢?所以"应付升学考试"无论是作为"教育理念"（就是教育者一定要有这个不可忽略的重要意识）还是作为"教育方式"（就是教会学生应对考试争取高分的种种措施和途径）都没有错！问题是，如果把"应付升学考试"作为"目的"——请不要反问"把考试作为目的错了吗""不作为目的，那学校还考试做什么呢"，在这个语境里，指的是"教育的唯一目的"——那当然就是和"素质教育"相对立的"教育理念和教育方式"。

关于"素质教育"和"应试教育"的定义，我不打算重复书上、网上的各类解释，我只通俗而简洁地说说我的理解："素质教育，就是以发展学生全面素质为宗旨的教育"，而"应试教育，就是以追求考试分数为唯一目的的教育"——考什么教什么，不考什么就不教什么，这就是"应试教育"！

现在有人对"素质教育"的批评和对"素质教育"的赞美，都是建立在这样的"逻辑"上的：

第一，把"考试"从素质教育中抽离出来，然后对素质教育大加讨伐："素质教育不要考试。""没有考试的教育，还叫教育吗？"相当于首先强行把一个人的衣服剥光，然后嘲笑他"衣服都不穿，还叫人吗？"

第二，把"应试"和"应试教育"混为一谈，然后理直气壮地反问："难道教育可以不要考试？""有应试的教育，有什么不好？"相当于一个人吃饭时只吃盐，不吃其他，别人批评他，他却说"难道人能够缺少盐吗？""没有盐的食物，还叫食物吗？"而人们批评他的，并不是他"吃盐"，而是他"只吃盐"。

任何比喻都是片面而蹩脚的，我这里只是打个比方，不是严密的逻辑论证，但道理是相通的。

遗憾的是，我认为崇敏先生在为应试教育辩护时，恰恰用的就是上面说的第二个"逻辑"。

## 九

原文——

中国教育存在价值危机、创造力危机和公平危机，与应试教育和素质教育两个伪命题操控有很大的关系。把提高素质和应试手段作为两个绝对对立的目标同位概念，泛化或矮化培养人的素质的目标；污化或黑化了应试的教育评价手段。导致学校产生"阴阳教育"行为，使学校人格分裂，轰轰烈烈喊"素质教育"，扎扎实实搞"应试教育"。教育的工具化、功利化、世俗化越演越烈，教育的实践力和创造力越来越低。……所以，我经常和有的专家学者提出一个观点，你有能力、有水平就去批判政府的教育体制和教育理念，不要老是批评校长和老师。不少校长和老师够尽心、尽力、尽职了。不要无理性地指斥和折磨他们。

这些话特别似是而非，而且特别煽情。但我要说，中国教育问题很多，看到了病情却不能找错了病因，说"中国教育存在价值危机、创造力危机和公平危机，与应试教育和素质教育两个伪命题操控有很大的关系"，崇敏先生太主观武断。

民主、自由，是人类多么美好的价值追求，可在追求的过程中，又出现了多少混乱？——当今世界许多地区的乱象正是以"民主自由"的名义造成的，但我们能够否认民主自由的理念吗？因此，教育的乱象种种，怎么能怪罪于"素质教育"呢？我们对"应试教育"的谴责，首先是对准教育行政部门的，因为他们是教育政策的制定者，是教育评价的主宰者；如果说基层校长和老师有种种"不是"，主要责任不在他们而在教育主管部门。我曾说过，应试教育"逼良为娼"，而学校校长和老师是"应试教育"最大的受害者，因为学生最多受害几年，而学校教育者则受害几十年乃至一辈子。如果说应试教育的评价考核仅仅是分数，那么素质教育的评价考核包括分数但不仅仅是分数，还有综合素质。这当然是难度极高的改革，但只有改革了评价，或者说只有评价趋于科学全面合理，素质教育才会真正成功。所以，抨击"应试教育"，终结"应试教育"，决不是"无理性地指斥和折磨"基层学校的校长和老师，恰恰是呼唤教育改革所带来的素质教育，解放千千万万的孩子，千千万万的校长和老师！

## 十

我完全同意崇敏先生文章的最后一段话——

我们提出概念，特别是提出体现国家意志的教育概念时，一定要科学严谨，而不能任性傲慢，多些理性精神，少些诗性"智慧"。

但是，读了前面他的论述，我不得不说——

崇敏先生，您的《两个伪命题戕害中国教育》，恰恰缺乏"科学严谨"，缺乏"理性精神"，有的恰恰是"任性傲慢"和"诗性'智慧'"。

崇敏大哥，恕小弟不敬了！

2017 年 6 月 20 日

# "一个人的精神发育史就是他的阅读史"这话错了吗？

——与蒋自立老师商榷

一

朱永新老师有一句名言流传很广："一个人的精神发育史就是他的阅读史。"

最近，我非常尊敬的蒋自立老师对这句话进行了质疑——

一个人的精神发育史就是他的阅读史。这句话不合事实，几岁小儿未读书，难道他没精神发展？有的民族奔驰在草原，难道他就没民族精神？一个人的精神发展史在于他的实践史！朱博士意在强调阅读重要，但不至于落到非此即彼的形而上学、误导人们清谈的绝境。

朱永新同样是我非常尊敬的导师，但我并不认为他的话"句句是真理"，我多次公开或者当面向他表达过我对他某些观点的"不敢苟同"。然而，这次我要为朱老师辩护："一个人的精神发育史就是他的阅读史"，这话没错！

蒋自立老师在上世纪 80 年代就是全国著名的班主任了，我那时就是他的崇拜者（用现在的表达就是"粉丝"，但那时"粉丝"一词的含义还仅仅是一种食品），30 年来他一直给我帮助和影响。他对"自我教育"的理论研究与实践探索，应该说走在了许多人的前面。六年前，他聚集全国一大批年轻教师，创建了"李镇西研究会"，让我既感动又尴尬。但这不妨碍我对他说"不"。"吾爱吾师，吾更爱真理。"何况这次当蒋老师听说我不同意他的观点时，在微信上鼓励我："希望看到文章，就此问题。"蒋老师博大的胸襟，让我没有了顾虑，更"来劲"啦！

坦率地说，刚读到蒋老师对朱老师这句话的质疑时，我一下蒙了：如果按照蒋老师的逻辑，几乎所有公认的至理名言都有问题——

亚里士多德说："人是天生的政治动物。"强调的是生活于群体社会中的人，不可能离开政治。这话错了吗？没错。但是如果我这样质疑——"人难道就不是经济动物吗？"，这话立刻"不攻自破"。

雅斯贝尔斯说："教育是人的灵魂的教育，而非理性知识的堆积。"强调的是教育的根本目的是指向人的灵魂。这话错了吗？没错。但是如果我这样质疑——"难道教育就不传授科学知识和生活经验了吗？一个没有知识和能力的'灵魂'，拿来何用？"，这话立刻"不攻自破"。

苏霍姆林斯基说："真正的教育是自我教育。"强调的是只有当教育成为一个人的自我需要并化作他的自我反思、自我激励、自我批评、自我超越等一系列自主意识与行为时，教育才可能真正实现。这话错了吗？没错。但是如果我这样质疑——"既然'真正的教育是自我教育'，那要学校干什么？要教师干什么？所谓'家庭教育'也是多余的了！"，这话立刻"不攻自破"。

……

如果有时间，这份"不值一驳"的名言"黑名单"，我可以开得很长很长。

二

咦？名言有道理，"质疑"也有"道理"。问题出在哪儿呢？

出在质疑者违背了常识。

我们说话写文章，都是"有的放矢"——出于现实的某种特定针对性，强调当时必须强调的重点，所以常常会省略一些众所周知、不言而喻的"默认前提"。这就是常识。

比如，我们说："人要吃饭。"为了强调吃饭的重要性，便省略了"人也要穿衣"的"默认前提"。如果有人非要说："人毕竟不是纯粹的低等动物，人还要穿衣！否则，人和野兽何异？"这种"质疑"看似雄辩，实则存心抬杠，是违背了常识。

再从逻辑上讲，任何一个判断句都是基于"一般"的结论，而不可能穷尽一切"例外"的现象。比如，我们说："人一只手有五根指头。"可有人偏要说："这个判断太片面，因为有的人一只手就有六根指头！"我们说："腿脚是用来走路的。"可有人偏要说："不对，有的残疾人用腿脚洗脸、刷牙、写字……"这些"反驳"确实能在生活中找得到真实的"依据"。但这些"例外"的"依据"都不能推翻"一般"的判断。同样，用草原牧民和无知小儿也有"精神发育"来推翻"一个人的精神发育史就是他的阅读史"也是无力的。

曾经有人质疑"教育是一门艺术"，说："教育是一门技术，因为离开了具体的操作，教育就无从谈起。"当时有朋友问我的看法，我回答说，把本来不是对立的教育艺术和教育技术人为地对立起来了，对立起来之后，再进行所谓的"争鸣"，是没有意义的。朋友又问我，既然教育艺术与教育技术不是对立的，那么说"教育既是艺术也是技术"是不是就可以了呢？或者说"教育艺术也包含了教育技术，教育技术则应该提升为教育艺术"等。我认为也不是这么简单。笼统地说"既是……也是……"，看似全面辩证，实则废话，等于什么都没说。所谓"是"什么"不是"什么，要看当时的具体针对性。脱离了这一点，"对立"双方的争论，只能是"鸡同鸭讲"，或者"公说公有理，婆说婆有理"。

在《民主主义与教育》一书中，杜威写道——

我们并不去强调不需要强调的东西——这就是说，有些东西已经很受重视，就无需强调。我们往往根据当时情境的缺陷和需要来制定我们的目的；凡是正确的东西或近乎正确的东西，我们都视为当然，就不必明确论述。我们就应该进行的某些改动来制定我们的明确的目的。在一定时期或一定的时代，在有意识的规划中，往往只强调实际上最缺乏的东西，这并不是一个需要加以解释的矛盾。在一个由权威统治的时代，呼唤极大的个人自由；在一个充满无组织的个人活动的时代，呼唤把社会控制作为一个教育目的。

杜威的意思是，我们说话写文章，总是针对当下特定的缺失或需要，强调某一个重点，而不必面面俱到。

三

上世纪80年代，我读到过作家王蒙的一篇微型小说《雄辩症》：

一位医生向我介绍，他们在门诊中接触了一位雄辩症病人。

医生说："请坐。"

病人说："为什么要坐呢？难道你要剥夺我的不坐权吗？"

医生无可奈何，倒了一杯水，说："请喝水吧。"

病人说："这样谈问题是片面的，因而是荒谬的，并不是所有的水都能喝。例如你如果在水里掺上氰化钾，这水就绝对不能喝。"

医生说："我这里并没有放毒药嘛。你放心！"

病人说："谁说你放了毒药呢？难道我诬告你放了毒药？难道检察院起诉书上说你放了毒药？我没说你放毒药，而你说我说你放了毒药，你这才是放了比毒药还毒的毒药！"

医生毫无办法，便叹了一口气，换一个话题说："今天天气不错。"

病人说："纯粹胡说八道！你这里天气不错，并不等于全世界在今天都是好天气。例如北极，今天天气就很坏，刮着大风，漫漫长夜，冰山正在撞击……"

医生忍不住反驳说："我们这里并不是北极嘛。"

病人说："但你不应该否认北极的存在。你否认北极的存在，就是歪曲事实真相，就是别有用心。"

医生说："你走吧。"

病人说："你无权命令我走。这里是医院，不是公安机关，你不可能逮捕我，你不可能枪毙我。"

……经过多方调查，才知道病人当年参加过"梁效"的写作班子，估计可能是一种后遗症。

这位病人犯了"不承认默认前提"的错误，人家请他喝水，"默认前提"便是这水是没有毒的，可他却雄辩道："并不是所有的水都能喝……"医生说："今天天气不错。"其"默认前提"便是，这个"天气"指的是当地的天气，病人却扯到北极。

小说毕竟是小说，不但虚构，而且夸张。生活中这样胡搅蛮缠的人并不多，但常犯类似思维错误的人却不少。我尊敬的蒋老师当然不可能如此蛮横无理，但恕我直言，蒋老师不自觉地也犯了同样的思维错误。朱老师说阅读对一个人精神发育的意义，并没有否认实践的重要性——这就是"默认前提"；可蒋老师却说："还有实践呢？"

生活中常常有些"争论"不是因为对某个观点有不同看法，而是因为思维方式的不同所致。比如，今天我在我的微信公众号上发了一篇文章《你给空姐回礼了吗？》，谈的是人与人之间礼仪缺失这种社会现象，呼吁普通的陌生人之间要多一些互相尊重。结果有人便和我抬杠："肤浅！为什么不说说体制和文化的原因？"我哭笑不得。谈"体制"有点勉强，但这种现象的确有文化方面的原因——任何社会现象都可以找到文化原因，然而，那是另一篇文章的内容。我这篇文章的重点并不是谈"体制"和"文化"呀！好比你去医院看病，却怪医院没有"中华医学史博物馆"！你到医院是看病的，至于你要了解医学文化，那是另外一件事。

四

现在回头说"一个人的精神发育史就是他的阅读史"这句话。第一，这话的大背景是全球知识爆炸的信息时代，是中国大学招生进入大众教育的高等教育普及时代，而非草原游牧时代或内陆农耕时代；第二，这话针对的是中国在最需要不断吸收新知的时代，却有相当多的人不读书这种客观现实。有了这两个前提，朱永新老师呼吁全民阅读，提议设立国家读书节，强调"一个人的精神发育史就是他的阅读史"，何错之有？

在这里，"精神发育"与"生理发育"相对应。后者（生理发育）的推进是生物自然的过程，与阅读无关，而且一个人一到成年便渐渐停止了发育；而前者（精神发育）的提升则是人主动努力的结果，与广博的阅读、家庭的熏陶、父母的感染、老师的培养、社会的影响以及丰富的生活体验实践等等，都密切相关。

苏霍姆林斯基在《给教师的一百条建议》中谈到学生的精神成长时，认为有六种教育力量同时对学生施加影响——教师、家庭、学生集体、学生本人（自我教育）、书籍和街头结交。所以，我们也完全可以说："一个人的精神发育史就是他的家庭教育史。""一个人的精神发育史就是他的班级生活史。""一个人的精神发育史就是他的朋友交往史。"……这些命题都没错，统统正确。只是我们有时在不同的场合，针对不同的情况，为了强调不同的重点而往往侧重提出并论述其中一个命题。为什么一定要把几者对立起来呢？

"一个人的精神发育史在于他的实践史！"这话强调实践对于一个人成长的重要意义，当然也没错，但是为什么连苏霍姆林斯基这样的大教育家，在谈论学生精神成长的六个要素时居然提都没提呢？按说，实践过程中的体验、内省、创造以及自我发现、自我超越……是最好的教育和自我教育，也是最好的精神成长，苏霍姆林斯基难道不明白这个道理吗？当然不是，之所以不提，是因为这是"默认前提"，不需要提。就这么简单。现在，我尊敬的蒋老师把这个不言而喻的前提拿来反驳"一个人的精神发育史就是他的阅读史"，显然是无力的。

# 五

今天的中国，由于"应试教育"的压力，中小学生的阅读状况令人忧虑；由于经济飞速发展带来的社会浮躁，全民阅读状况也不乐观——在这方面有许多触目惊心的数据，我就不一一援引了。在这个背景下，针对这种现状，朱永新老师提出"一个人的精神发育史就是他的阅读史"，是振聋发聩的，产生了积极的社会影响，参与推动了全民阅读的热潮。

所以，再回头看杜威的这句话："在一定时期或一定的时代，在有意识的规划中，往往只强调实际上最缺乏的东西，这并不是一个需要加以解释的矛盾。"何等精辟！如果哪一天，中国的主要问题是大家都闭门读书，脱离实践，那我们强调"一个人的精神发育史就是他的实践史"同样也是必要的。

但在当下，无论怎样强调阅读的重要性都不过分。"一个人的精神发育史就是他的阅读史"，这句话出自朱永新先生发表在《人民日报》上的《改变，从阅读开始》一文。在该文中，他这样写道——

我们很少认真思考：每个人的精神是怎么成长起来的？个体精神成长的历程是怎样的？如果把精神成长与躯体成长做个比较的话，躯体的成长更多是受遗传和基因的影响，个体的精神成长却不完全依靠基因和遗传，而与后天阅读息息相关。

……

人类的历史有很多的精神丰碑，要达到或者超越那些精神高峰，阅读和思考是唯一的途径。只有通过阅读，通过与孔子、孟子等先贤达人的对话，才能达到他们那个时代的精神高度；只有通过阅读，通过和文艺复兴时期的大师们交流，才能达到他们那个时代的思想境界。

人类精神的阶梯就这样随着重复阅读不断延伸。如果没有这样的重复，人类的精神就会退化，就会衰落。没有阅读，我们这一代人的精神境界可能还远不如文艺复兴时代的大师们，甚至还不如更早以前的历史阶段。

……对人类思想的进化而言，对个人思想的发展而言，从信息到知识到智慧，就像一个金字塔，它是精神与智力逐步升级发展的过程。唯有通过书籍阅读，我们每一个人的智慧才能一步步地通往精神的"金字塔"之巅。将每一个人的智慧汇总起来，才能体现我们这个时代的精神高度。

没有阅读就不可能有个体心灵的成长，不可能有个体精神的完整发育。

## 六

何况朱永新老师也没有忽视实践对一个人成长的重要性。他发起的新教育实验的十大行动中，除了"营造书香校园"和"聆听窗外声音"，还有"构筑理想课堂""建造数码社区""研发卓越课程""缔造完美教室""推进每月一事""家校合作共育""培养卓越口才""师生共写随笔"，这不是丰富的实践是什么？

"没有阅读就不可能有个体心灵的成长，不可能有个体精神的完整发育。"朱永新老师这个观点，在苏霍姆林斯基的不朽名著《给教师的一百条建议》中也有呈现。苏霍姆林斯基在该书中认为，书籍对学生的全面发展起着巨大作用。他说，如果学生不曾彻夜攻读那种描写杰出人物而动人心弦的书籍，不因此倍受鼓舞并开始思虑自我，那就不能认为他受的是货真价实的教育。还说，如果青少年没有喜爱的书和喜爱的作家，那就不可能想象会得到真正的全面发展。

"'没有彻夜攻读描写杰出人物的书籍就没有接受货真价实的教育，没有喜爱的书和作家就不可能有真正的全面发展。'这句话不合事实，几岁小儿未读书，难道他就不可能有真正的全面发展？有的民族奔驰在草原，难道他就没有真正的全面发展？一个人的成长发展史在于他的实践史！苏霍姆林斯基意在强调阅读重要，但不至于落到非此即彼的形而上学、误导人们清谈的绝境。"

——不知我尊敬的蒋自立老师，是否也会这样反驳苏霍姆林斯基？

2017 年 9 月 9 日

# 为什么就不可以"感谢贫穷"？

一篇《感谢贫穷》，在网上遭到一些人的讨伐。

作者王心仪在讲述了贫穷生活的经历后写道——

贫穷带来的远不止痛苦、挣扎与迷茫。尽管它狭窄了我的视野，刺伤了我的自尊，甚至间接夺走了至亲的生命，但我仍想说，谢谢你，贫穷。

……

谢谢你，贫穷，你让我能够零距离地接触自然的美丽与奇妙，享受这上天的恩惠与祝福。我是土地的儿女，也深深地爱恋着脚下坚实而质朴的黄土地：我从卑微处走来，亦从卑微之处汲取生命的养分。

感谢贫穷，你让我坚信教育与知识的力量。……来自真理与智慧的光明，终于透过心灵中深深的雾霭，照亮了我幼稚而懵懂的心。贫穷可能动摇许多信念，却让我更加执着地相信知识的力量。

……

在这里，所谓"感谢贫穷"并非"歌颂贫穷"。女孩要表达的意思，是"穷且弥坚，不坠青云之志"，是赞美因贫穷的磨难而强大起来的心。

我想到了路遥《平凡的世界》中的一段话："命运总是不如人愿。但往往是在无数的痛苦中，在重重的矛盾和艰辛中，才使人成熟起来。"

恩格斯曾经说过："一个聪明的民族，从灾难和错误中学到的东西会比平时多得多。"他于1893年10月10日给俄国友人尼·丹尼尔逊的复信中写道："像你们的民族那样伟大的民族，是经得起任何危机的。没有哪一次巨大的历史灾难不是以历史的进步为补偿的。"（《马克思恩格斯全集》第39卷，人民出版社1974年版，第49页）

这里，恩格斯在"感谢灾难"。

孟子的名篇《生于忧患，死于安乐》相信大家都能背诵——

舜发于畎亩之中，傅说举于版筑之中，胶鬲举于鱼盐之中，管夷吾举于士，孙叔敖举于海，百里奚举于市。

故天将降大任于斯人也，必先苦其心志，劳其筋骨，饿其体肤，空乏其身，行拂乱其所为，所以动心忍性，曾益其所不能。

人恒过，然后能改；困于心，衡于虑，而后作；征于色，发于声，而后喻。入则无法家拂士，出则无敌国外患者，国恒亡。

然后知生于忧患而死于安乐也。

这里，孟子在"感谢忧患"。

还有古人说的"多难兴邦"。这当然不是说为了"兴邦"就必须"多难"，而是说既然客观上"多难"避免不了，我们就应该从"兴邦"的角度积极地看待"多难"，把"多难"当成一笔财富。国家多灾多难，在一定条件下可以激励人民众志成城，奋发图强，战胜困难，使国家强盛起来。

当年中央红军是被迫撤退而走上"逃亡"之路的，但两万五千里长征却磨砺出一支不可战胜的军队，最后夺取了政权，建立了一个新中国。从这个意义上说，中国共产党人要感谢蒋介石的五次"围剿"，感谢"过雪山草地"，感谢"吃草根树皮"……

其实人们经常说的"宝剑锋从磨砺出，梅花香自苦寒来"也是这个意思。

这样的例子太多了，举不完。

因此，望文生义地理解"感谢贫穷"四个字，至少是阅读理解的肤浅。

记得我刚进大学时，整个社会在反思"文革"的灾难，其中有一个声音特别意味深长，发人深省：从某种意义上讲，我们要感谢"文革"，这场灾难至少让中国人民的觉醒提前了几十年，否则中国人民至今还沿着"极左"路线滑行。

这话显然也不是赞美"文革"，更不是希望再来一次"文革"。

"感谢贫穷"也好，"多难兴邦"也罢，都是经历贫穷和多难之后，抚摸着伤痕豪迈地回望"贫穷"和"多难"时的一种人生态度、历史眼光和哲学思考。因此，在特定意义上"感谢贫穷"甚至"感谢灾难"，绝不意味着赞颂贫穷、美化灾难。

如果说，有人因为理解的肤浅而误解了"感谢贫穷"，我们可以谅解的话，那么，还有人故意将"感谢贫穷"这句话"升华"为"美化贫穷"，进而宣扬"安于贫困"的"心灵鸡汤"，则不是误解而是别有用心的曲解，对此我们更需要警惕。

2018 年 8 月 2 日

## 感谢贫穷

王心仪

提笔时，我是有些许犹豫的。因为不知道该怎么讲起这个关于我自己、关于贫穷以及关于希望的故事。

1. 谈钱世俗吗？不！

我出生在河北枣强县枣强镇新村。枣强县是河北省贫困县，人均收入极低。我有两个弟弟，大弟弟和我一起就读于枣强中学，小弟弟还在上幼儿园。一家人的生活仅靠着两亩贫瘠的土地和父亲打工微薄的收入。

小孩子的世界，本就没有那么多担忧与沉重可言。而第一次直面贫穷与生活的真相，是在八岁那年。那年姥姥被诊断出患有乳腺癌，平静的生活如同湖面投了颗石子一般，突然被击得粉碎。一家人焦急慌乱，却难以从拮据的手头挤出救命钱来。姥姥的生命像注定熄灭的蜡烛，慢慢地变弱、燃尽，直到失去最后的光亮。

姥姥辛苦了一辈子，却未换来一日的闲暇，病床上的她依然记挂着牲畜与庄稼。一辈子勤勤恳恳的姥姥的离世，让幼小的我第一次感到被贫困扼住了咽喉。可能有钱也未必能挽救姥姥的生命，但经济的窘境的确将一家人推向了绝望的深渊。

我清楚地记得那些灰暗的日子里母亲无声又无助的泪水，我也开始明白：谈钱世俗吗？不，并不是的，它给予了我们最基本的生活保障，也让我们能尽全力去留住那些珍贵的人和物。而这些亦让敏感的我意识到：生活，才刚刚解开她的面纱。

2. 人生的路不是走给别人看的

我和比我小一岁的弟弟相继踏上求学路，又给家中添了不少经济负担。母亲由于身体原因，更因为无人料理的农活及生活难以自理的外公，而无法外出工作。只能靠父亲一个人打工养家糊口。父亲工作不稳定，工资又少得可怜，一家人的日常花销都要靠母亲精打细算，才勉强让收支相抵。

外公与妈妈一年的医药费也是一笔不小的开销，姥姥生病时家里又欠下了不少债，这也就免不了要省掉花在衣服上的钱。亲戚家若有稍大的孩子，便会把一些旧衣服拿到我家。有些还能穿的衣服经母亲洗洗，也就穿在了我和弟弟身上。

她常说，穿衣裳不图多么好看，干净、保暖就很好了。这也就不难理解为什么母亲现在仍穿着二十年前的校服了。我和弟弟也十分听话，从不吵着要新衣服、新鞋子。

不过，班上免不了有几个同学嘲笑我磨坏的鞋子、老气的衣服、奇怪的搭配。记得初一一个男生很过分地嘲弄我身上那件袖子长出一截的"土得掉渣"的棉袄，我哭着回家给妈妈说，她只说了一句："不要理他，踏实做事就好。"

是的，何必纠结于俗人的评论，那不过是基于你的外表与穿着，若他无法看到你内里的自我，不睬他也罢。人生的路毕竟不是走给别人看的。那件衣服我穿了初中三年，那句话我也记到现在。

3. 幸福是极力拥抱自己看到的美好与阳光

除了衣着，上学带来的另一个问题就是：交通。低年级可以在村里上，但升到三年级就只能去乡里的学校。家里有一辆自行车，我坐在后座。弟弟只能坐在前面的梁上，两条腿翘起来。别人眼中似乎是"演杂技"的样子，竟让弟弟坚持了三年。

当时到乡里的路破得不成样子，水泥板碎成一片一片，走起来坑坑洼洼，一到雨天还会积很多水。可妈妈每次接送，从不误时。其实本可以让我们寄宿在学校，一周接送一次，但乡里学校的伙食实在很贵。妈妈又担心正在长身体的我们，却苦了体弱的自己。

有时候免不了要让我们下车跑一会儿，于是每天上下学跑上一公里就成为了我和弟弟的锻炼方式。记得有一次下雪，雪积了有一尺厚，车子出不了门，妈妈裹着棉袄，顶着风，走到学校来接我们，一路上也不知道有多少雪融化在了母亲的脸上。但我和弟弟兴奋得不得了，一边玩雪，一边和妈妈说着今天学到的新知识。

我们三个人就这样一直走到天黑才到家。那时候我便懂得了，幸福不是因为生活是完美的，而在于你能忽略那些不完美，并尽力地拥抱自己所看到的美好与阳光。

4. 尽管贫穷刺伤了我的自尊，但仍想说：谢谢你！

贫穷带来的远不止痛苦、挣扎与迷茫。尽管它狭窄了我的视野，刺伤了我的自尊，甚至间接夺走了至亲的生命，但我仍想说，谢谢你，贫穷。

感谢贫穷，你让我领悟到真正的快乐与满足。你让我和玩具、零食、游戏彻底绝缘，却同时让我拥抱到了更美好的世界。

我的童年可能少了动画片，但我可以和妈妈一起去捉虫子回来喂鸡，等着第二天美味的鸡蛋；我的世界可能没有芭比娃娃，但我可以去香郁的麦田，在大人浇地的时候偷偷玩水；我的闲暇时光少了零食的陪伴，但我可以和弟弟做伴，爬上屋子后面高高的桑葚树，摘下紫红色的果子，倚在树枝上满足地品尝。

谢谢你，贫穷，你让我能够零距离地接触自然的美丽与奇妙，享受这上天的恩惠与祝福。我是土地的儿女，也深深地爱恋着脚下坚实与质朴的黄土地；我从卑微处走来，亦从卑微之处汲取生命的养分。

感谢贫穷，你让我坚信教育与知识的力量。物质的匮乏带来的不外是两种结果：一个是精神的极度贫瘠，另一个是精神的极度充盈。而我，选择后者。

我来自一个普通但对教育与知识充满执念的家庭。母亲说过，这是一条通向更广阔世界的路。从那时起，知识改变命运的信念便深深地扎根在我的心中。

母亲早早地教我开始背诗算数，以至于我一岁时就能够背下很多唐诗。来自真理与智慧的光明，终于透过心灵中深深的雾霭，照亮了我幼稚而又懵懂的心。贫穷可能动摇很多信念，却让我更加执着地相信知识的力量。

感谢贫穷，你赋予我生生不息的希望与永不低头的气量。农人们都知道，播种的时候将种子埋在土里后重重地踩上一脚。第一次去播种，我也很奇怪，踩得这么实，苗怎么还能再破土而出？可母亲告诉我，土松，苗反而会出不来，破土之前遇到坚实的土壤，才能让苗更苗壮地成长。长大后，当我再次回忆起这些话，才知道自己也正是如此了。

5. 我不相信手掌的纹路，但我相信手掌加上手指的力量

"我不相信手掌的纹路，但我相信手掌加上手指的力量。"求学路上，多少的坎坷困顿终究阻挡不住我追逐真理的脚步。中考，我以全县第一的成绩考入枣强中学。高中三年，我一直秉承着"好之者不如乐之者"的态度，寻找并发现学习的乐趣，并全心投入其中，为每一天注入灵感与活力。三年来，我的成绩一直稳居年级前三名。在细心钻研课内知识的同时，我也注意拓展自己的课外知识，积极参加各种竞赛活动，获得了全国

中学生基础知识与创新能力大赛省级一等奖、全国中学生物理竞赛省级二等奖。

此外，我还是个充满好奇心与想象力的女孩。我喜欢仰望天空，那一望无尽的透彻的蓝，让心中所有的尘埃散尽，归于平静；我喜欢逗弄花草，这份大自然的馈赠与祝福，若不多花些时候欣赏，简直算得上"暴殄天物"了；我喜欢做白日梦，那是心灵的探索与自我的找寻，思想在翱翔、在潜游，引领我去本遥不可及的远方。我喜欢像这样放飞自我，与灵魂作伴，来一次心灵的旅行。同时，我也算得上是个"文艺女青年"，平时喜欢静静地写点东西，作品《杨绛——那个安静的守望者》获得"语文报杯"大赛全国二等奖。

大家眼中的我，是个活泼、乐观而幽默的女生，时不时会给大家高歌一曲，把所有人吓出寝室；也常给朋友讲段子（听我讲笑话真的可以练出腹肌）。同学们学习或生活中遇到了问题，也会找我帮忙，我亦以此为乐、全力相助。同时，我也绝不是个"两眼不闻窗外事"的两脚书橱。校内，我一直担任班长，全心全意为班级服务，并参与各种学校活动的组织、主持工作，被评为省级优秀学生干部；校外，我也投身于社会实践与服务工作中去，参与清扫街道、敬老院敬老等活动，受到大家的赞扬。

三年，苦吗？很苦，小弟弟的诞生，加上我和大弟弟都踏入枣强中学，不免让家庭经济陷入更大的困境，这些也让我认识到肩头上沉重的担子。我是老大，必须撑起这个家的希望。于是，压力成了动力，这种信念与责任激励着我一路向前。一年四季我一直穿着校服，每日的伙食是单调的白菜馒头稀饭，鸡蛋是成绩提高后作为奖励的加餐。可三年，又很甜。"以中有足乐者，不知口体之奉不若人也。"探索新知的乐趣远远超过了汗水的苦与咸。有老师的谆谆教导、同学的真挚情谊、学校的关心照顾，那些苦又算得了什么？

# "高效课堂"并非"包治百病"

## ——我在名校共同体上的发言

关于杜郎口中学的课堂改革，我过去一直坚定不移地为之辩护，而且至今对崔其升校长及其杜郎口中学保持着真诚而崇高的敬意。我专门写了一本书，书名就叫《善待杜郎口》。我还将继续向崔校长学习，如果有必要，我还会继续为杜郎口辩护。

但我今天不想多说杜郎口的好话。我今天谈谈关于"高效课堂"的一些想法。

7月份，也是在山东，新教育实验举行了年会。年会结束后，针对新教育年会豪华的演出，我写了一篇文章，呼唤教育的朴素。关于"朴素的教育"，我最近几年想得比较多。我之所以持续不断地为杜郎口喝彩，为之辩护，恰恰是因为我在杜郎口看到一种质朴的教育状态。什么"三三六"之类，那些都是专家的概括。其实，杜郎口老师的想法很朴素，就是让学生学，是最好的教。就这么简单。我理解的"朴素的教育"，还包括"宁静的教育""从容的教育"等含义。因此，我特别警惕教育的喧嚣、炒作。

我看了刚才崔校长的发言稿，不知这是不是你自己起草的，估计不是你写的。但即使是你自己起草的，我还是要说出我的质疑。这篇发言稿的内容我没有意见，但其中有几个词，我读着不舒服："炙手可热""叫响全国""轰动效应"——"轰动效应"前面还加上"巨大"。这些说法不应该是崔校长的风格，因为这和崔校长质朴的为人不相符。我想到前几天，有培训机构在宣传我校的班主任培训的时候，有什么"巅峰对决"之类的语言，我看着就笑了。我们学校哪有什么"巅峰"？还"对决"呢！教育充斥着类似的语言，我们怎么让教育朴素和宁静？而且类似的说法，很容易让人误解。这些语言会让人把我们的课堂改革同商业运作联系在一起。

还有，说话不能太绝对，比如"高效"这个词，是值得商榷的。当初说"高效课堂"当然是有针对性的，就是针对无效课堂而言，强调课堂要有效。但强调"高效"，容易让人误解，以为课堂的任务就是传授知识。其实，知识灌输可以"高效"，但能力的培养、素养的提高、心灵的滋养和精神的提升，不可能"高效"。不同的学科，也不可能都"高效"。我所担任的语文教学，就是一个滚雪球的过程，很难说在一堂课应该如何"高效"。把语文课上得像数理化一样高效，就不是语文课了。所以，我觉得"有效"比"高效"更符合教育规律和教育的本色。

类似绝对的话还有一些，有人在说"高效课堂"的时候，将其限定为以杜郎口为主要代表的共同体学校的课堂模式，好像不这样搞，就不是教育。但教育改革不应该有这种非此即彼的思维，好像不搞我们这一套，中国教育就没有希望，凭什么说"高效课堂"只有你这一种方式？如此非此即彼，缺乏一种宽容和包容。还有，我们共同体的人说话要避免误伤别人。我已经收到不少信息，说我们共同体有人在网上说话很绝对，很伤人。比如"不搞课改的老师都是猪脑子"之类的话，伤了一大批普通老师的心。虽然这是个别的，但其产生的负面效果不可小视，它损害的是我们课堂改革的声誉。

名校共同体是一种联盟，"课改聚义，搂抱发展，互相借道，共同成长"，希望通过这个机构领导各校的课堂改革，甚至统一模式，其结果很可能有悖于我们的初衷。不要老想着"引领中国教育""影响中国教育"。这个机构就是提供服务，提供咨询，提供共同体学校之间互相学习互相交流的平台。而且我们应该包容和宽容，善待其他课堂模式。"高效课堂"不可能"包治百病"。不要以为只有这一种课堂模式才是唯一科学的，而且中国必须统一这种课堂模式。把"高效课堂"吹得神乎其神，只会损害其声誉。本来还比较好的东西，最后让人反感。

关于课堂改革的深化，我有一个想法，这也是本期我在武侯实验中学对班子提出的要求，就是要探索一下如何在不同学科的课堂上呈现出课堂改革的基本理念。我是有感于现在所有学科都必须遵守同一的流程、步骤，我感到不妥。我在想，在坚持民主、平等、尊重、自主等理念的前提下，让不同的学科根据自己的特点以不同的方式呈现这些理念。比如，我把学科大体分为人文类（比如语文），知识类（比如数学），技能类（体育），综合类（外语）……这些不同类型的课应该有着自己富有个性的操作流程。

我就说这些。我的话很直，因为我把在座各位都当作朋友。而在我看来，朋友的主要标志之一，就是可以互相当面说"不"。

2012 年 9 月 14 日于济南中国教师报·名校共同体理事长会议

# 语文学习与"高效课堂"势不两立

"高效课堂"热闹了好多年了，甚至在某种程度上成了课堂改革的"标志"。

究竟什么是"高效课堂"？查百度，关于"高效课堂"有许多描述，但基本内涵是："以尽可能少的时间、精力和物力投入，取得尽可能好的教学效果。"

对此，我心存疑问：一切"课堂"都应该"高效"吗？所有教学都可以"高效"吗？

估计会有教师对我的疑问感到不解："难道教学不应该提高效率吗？"

我的回答是：恐怕不能一概而论。

我曾经不那么严谨地把学科教学大体分为三类：一类是知识型的，比如数学、化学、物理学科，重识记与训练；一类是技能型的，比如体育、音乐、美术学科，重实践与体验；一类是人文型的，比如语文、政治、历史学科，重积累与感染。这三大类当然不是绝对的。比如数理化中也有技能，音体美里也有知识，语政史也不仅仅是思想、情感和知识，音体美更和人文分不开。但我说的是"大体"。

这三类学科不好统一要求搞"高效课堂"。就知识传授而言，当然要讲效率，讲单位时间里的知识增长率，讲课堂信息量和有效教学时间……所以，数理化等学科的教学追求"高效课堂"也许是应该的，甚至是必需的。但不少老师在语文教学上也搞"高效课堂"，也很热闹，我就有些不安了。

对其他学科搞"高效课堂"我不敢评论，但对语文教学我还是有发言权的。我认为，语文教学不宜搞"高效课堂"——岂止是"不宜"，我甚至认为语文教学与"高效课堂"势不两立。

别说我用"势不两立"这个词太夸张甚至太偏激，我本来还想用"不共戴天"呢。因为所谓"高效课堂"根本就是违背语文学习特点的。

"语文"，无论是理解为"语文文字""语言文学"，还是"语言文化"，其中当然都有知识，比如字词的积累等，但"语文"主要不是知识，而是思想、情感、能力、视野、价值观。语文教育的任务，是教会学生熟练地掌握与运用母语这个工具来认识自己，认识他人，认识世界，进行各种社会交往。语文学科当然也有知识，但语文教育的主要目的不是传授知识；语文教学也不排除在某些时候以传授知识为主要任务，比如期末复习或应考训练，但这种"复习"和"训练"绝非语文教育的"主旋律"。所以，以是否"高效"来衡量一堂语文课的好坏，是拿错了尺子。

关于语文学科特点，《语文课程标准》有这样的描述和界定——

语文课程丰富的人文内涵对学生精神领域的影响是深广的，学生对语文材料的反应又往往是多元的。因此，应该重视语文的熏陶感染作用，注意教学内容的价值取向，同时也应尊重学生在学习过程中的独特体验。

语文是实践性很强的课程，应着重培养学生的语文实践能力，而培养这种能力的主要途径也应是语文实践，不宜刻意追求语文知识的系统和完整。语文又是母语教育课程，学习资源和实践机会无处不在，无时不有。因而，应该让学生更多地直接接触语文材料，在大量的语文实践中掌握运用语文的规律。

看，"丰富""深广""多元""熏陶感染""独特体验"，"不宜刻意追求语文知识的系统和完整"，"学习资源和实践机会无处不在，无时不有"……这些描述都说明，语文教育的使命绝非"高效课堂"所能完成。

记得 40 年前恢复高考时，我实在无法复习语文，因为语文所涵盖的内容太丰富太深广，我不知从何下手。所以干脆不复习。但最后我的语文高考成绩是 92.5 分（满分 100 分）。仔细想来，这个成绩得益于我长期阅读和写作的积累。对的，就是"积累"。很难说是哪篇文章哪部著作提升了我的语文能力，甚至可以说我所读过的每一篇文章每一本著作都"可读可不读"——读了不见得"立竿见影"，没读也不会损失什么，但是，长期的积累，却让我形成了相对比较厚实的"语文储备"。

参加工作后，我也曾跟在一些"专家"后面，试图将语文学科的知识"系统化"，能够"循序渐进"地"提升"学生的"语文能力"，我甚至曾经想编一套类似于数理化教材那样"有格有序"的"语文知识体系"方面的"专著"。后来都以失败告终，而且我至今也没看到哪位专家成功了。因为这种"探索"从根本上违背了语文学科的特点。要求语文课堂"高效"——学生掌握了多少知识量，有多少学生知识过关，语文能力提升了多少，等等，这本身就是荒唐的。

我主张并践行"语文生活化，生活语文化"，让学生既在课堂上也在生活中学习和运用语文。我给学生阅读大量优秀的中外名著，有时候一节课给他们读一篇优秀的短篇小说，我和孩子们都感动了，共同欢笑，共同流泪，却很难说我们"收获"了什么"知识"，这样的课似乎是"无效"的，但几年这样的课却促进了我们情感的丰富，思想的深刻，胸襟的拓展，能力的提升，生命的成长……这就是语文学习的特点，也是语文教育的特点。

苏霍姆林斯基曾经提醒教师："决不允许热衷于那些'高效快速'教学法，因为那些教学法是把儿童的头脑当作能够无限地储存信息的电子机器来使用的。儿童是有生命的东西，他的大脑是最精密、最柔嫩的器官，我们应该小心翼翼地对待和爱护它。"

是的，学生的大脑绝非"能够无限地储存信息的电子机器"。尤其对于语文学习来说，我们更不应该把丰富的语文素养当作切碎了的饲料而"高效"地往学生头脑里面塞。那不是语文学习，而是"反语文学习"——是和真正的语文学习背道而驰的。

但是，现在不少语文老师却热衷于语文教学的"高效课堂"，于是文质兼美的课文被肢解成了"知识点"和"训练点"，所谓"导学稿"成了试题卷，语文课就是做题。语文课堂应有的欢笑、沉思、感动、熏陶、妙趣横生、怦然心动、热泪盈眶……统统没有了。有的，只有"高效"的训练和检测。学生的语文学习兴趣就是这样被败坏的，语文课就是这样被消灭的。

　　所以我说，语文学习与"高效课堂"势不两立。

2017 年 12 月 24 日

## 我没有全盘否定"高效课堂"，
## 但它绝非万能的绝对真理

《语文学习与"高效课堂"势不两立》推出后，引起热烈反响。也有朋友觉得我"太偏激"，说"'高效课堂'也不应该全盘否定"，还有朋友说我对"高效课堂"的理解"比较狭窄"，云云。

那今天我就再说几句吧——也许写着写着就不只"几句"了。

我一直感觉包括"微信阅读"在内的网络阅读有一个似乎难以克服的问题，就是那种浮躁的阅读心理让人情不自禁一目十行，有时候连浏览都谈不上，纯粹就是在用手指不断往上拨触摸屏的时候匆匆"跳读"。这样的结果就是，往往抓住只言片语甚至只看标题便妄下结论或批评。比如，我那篇文章明明是说"语文学习与'高效课堂'势不两立"，却被人认为是"全盘否定'高效课堂'"，批评者没有看到我文中明明说得很清楚的话："恐怕不能一概而论""就知识传授而言，当然要讲效率，讲单位时间里的知识增长率，讲课堂信息量和有效教学时间……所以，数理化等学科的教学追求'高效课堂'也许是应该的，甚至是必需的"。我这里之所以用了"也许"这个词，是因为毕竟我不是数理化老师，不敢那么肯定，但至少我没有将"高效课堂"一棍子打死。

我们平常说任何话都有特定的语境，或者说都有特定的针对性，都是"有的放矢"。空洞而抽象地谈什么好什么不好，纯属"正确的废话"，一点意义都没有。因为是针对特定的问题而发表看法，必然"抓住一点不及其余"。比如（我假设一种情况），针对有人不吃饭的现象，我自然会大谈"吃饭"对于生命的意义。但如果有人站出来反驳说："只讲吃饭而不讲应该吃什么饭——比如有毒的饭就不能吃，那还不如不吃！""吃饭也不是绝对的，如果过量还不把人撑死？""只说吃饭而不谈穿衣，这是典型地把人当低等动物了！""一个人仅仅吃饭就行了吗？如果没有高尚的灵魂，吃得再好长得再壮，也不过行尸走肉而已！"……那我肯定被驳得哑口无言，因为这样反驳我，我简直就是体无完肤了！

很遗憾，我的一些朋友经常就是这样来反驳我的。

《语文学习与"高效课堂"势不两立》不是对"高效课堂"进行全面的评价，而只是针对语文课的所谓"高效课堂"模式而言。如果要谈"高效课堂"在语文课堂以外的积极意义，当然也是很多的。

应该说，当初提出"高效课堂"是有着鲜明的现实意义的，是针对"低效课堂"甚至"无效课堂"而言的。的确，我们的校园至今还充斥（我用"充斥"这个词一点都不夸张）着低效或无效的课堂。我就以十多年前的成都市武侯中学为例。我担任校长之初听课时，一些教师自顾自地在讲台上讲，学生有气无力地在下面坐着听，还有不少孩子趴在桌子上睡觉，学生的参与度低，教育教学效率简直谈不上。学生没有成就感，教师也没有成功感。我当时在大会上说："无数个四十分钟啊，生命一去不复返，师生的生命就这样白白抛洒了！不客气地说，这是对学生生命的践踏，也是对教师自己生命的戕害！"而且这种情况绝非只有当年的武侯实验中学才存在。因此，不少有良知也有责任感的教育者（专家和一线老师）提出"高效课堂"，希望通过变革课堂模式来改变教师的教学方式和学生的学习方式，无论如何是应该肯定的。

有批评者认为我没有真正弄懂"高效课堂"的内涵。其实，在写那篇文章之前，我是认真查阅过"高效课堂"的有关资料的。我读到这样一篇流传很广的文章《如何定义高效课堂》（这篇文章也被冠以《高效课堂的基本元素》的标题）。应该说，这是目前我看到的对"高效课堂"最通俗也最全面的解说了。为了避免"断章取义"之嫌，我全文引用如下——

课堂高效的问题，研究及论述颇多。但有个基本的描述，即：以尽可能少的时间、精力和物力投入，取得尽可能好的教学效果。尽可能好的教学效果可以从以下两个方面来体现：

一是效率的最大化。也就是在单位时间内学生的受益量。主要表现在课堂容量，课内外学业负担等。二是效益的最优化。也就是学生受教育教学影响的积极程度。主要表现在兴趣培养、习惯养成、学习能力、思维能力与品质等诸多方面。

只有效率的最大化或只有效益的最优化的课堂，都不是真正意义上的"高效课堂"。只有二者的和谐统一，"高效课堂"才能形成。简言之，"高效课堂"至少在教学时间、教学任务量、教学效果等三个要素方面有突破，概括为：轻负担，低消耗，全维度，高质量。

课堂教学效率至少包含以下三个要素，即：教学时间、教学任务量、教学效果。可以从三个方向和三个层面进行定义分析：

教师层面，教学效率是指在单位教学时间内，在达到预期教学效果的前提下所完成的教学任务量。

学生层面，教学效率＝教学对所有学生的一切影响的总和／学生所用的时间总和。

这里强调"所有学生"，旨在倡导关注学生参与学习活动的人数，即全体性。

所谓"一切影响"，是指"学生学到的有用知识＋学生形成的有用能力＋学生养成的良好非智力因素＋负面的影响"。

时间方面，课堂教学效率＝有效教学时间／实际教学时间 × 100%。

所以，高效课堂源于有效课堂，基于有效课堂，有效课堂的教学效率就有高有低、有正有负。教学的成果是"人的发展"而非工业产品，教学效率的量化或许永远是一种奢望。提出"教学效率"的概念，不是为了"计算"，只是为教学实践和教学评价提供比较正确的导向，理想的方向。当时间被用到极限时，教学必然从有效走向高效。

高效课堂的本质就是：采用最适合教师和学生的课堂组织形式，把学生的注意力全部集中到课堂教学上来，使学生最大限度地学到知识、提高个体能力。

从这里我们可以看到，"高效课堂"的提倡者和实践者，的确是着眼于学生在课堂实实在在的收获、提高和发展——不仅仅是知识，还包括"兴趣培养、习惯养成、学习能力、思维能力与品质等诸多方面"。这种愿望不但无可厚非，而且令人尊敬。

还不仅仅是"愿望"，更是一种实践。十多年前起，全国很多学校在"高效课堂"方面进行了轰轰烈烈的探索实践，创造了不少类似于"几步""几查""几环"的课堂模式，杜郎口中学的"三三六"学生自主学习的课堂模式是其中的典型代表。所有推出的"高效课堂"模式，表述虽然各有不同，但都有一个共同的特征，就是创造学生自主学习的平台，让课堂成为"学堂"，让学生真正成为学习的主人。崔其升校长曾经对我说："我之所以要让学生自己讲自己学，就是因为我发现我们不少老师的教学基本上是无效的，学生听不懂，那还不如让学生自己学自己讲。"可见，"高效课堂"是被"无效课堂"逼出来的，其积极意义不言而喻，不可否认。

需要指出的是，"高效课堂"这个概念，有广义和狭义之分。广义的"高效课堂"，就是指上面我引用的那篇文章所述的那些内涵；狭义的"高效课堂"特指一种课堂教学模式。现在一般人们谈及"高效课堂"，大多指后者。

多年来全国各地的"高效课堂"的客观效果是值得肯定的——不仅仅改变了课堂形式，培养了学生的学习能力，促进了教师的专业成长，更重要的是提升了所在地区所在学校的教学质量。这也是"高效课堂"风靡全国的重要原因。不是为了赶时髦，而是基于前面我谈到当初武侯实验中学的课堂，十多年前，我带领老师们借鉴杜郎口中学的"高效课堂"元素开始了课堂改革。当时，我校相当多的教师已经习惯于传统的以教师"讲"为主的课堂教学方式，不相信学生的潜力，面对来自不同区域、拥有不同成长背景、个体差异大的学生群体，依然"一刀切"地"满堂灌"，"以不变应万变"。这样的教学弊端更加明显：学生始终处于被动的学习状态，越来越厌学，学习成绩却难以提高；教师也苦不堪言，体验不到半点职业幸福。当时，我提出理想的课堂应该有两个标准：有趣，有效。"有趣"是让课堂吸引孩子，"有效"是让孩子有收获。我还提出课堂改革的最核心的理念，是"变教师'教'为学生'学'，把'教'的过程变成'学'的过程"。

我们的课堂结构也参照了杜郎口中学等许多兄弟学校的课堂模式，包括对"导学稿"的借鉴；但决不照搬，更不搞"一刀切"。因为我和老师们发现，理科课堂引导学生采用相对比较"规范"的学习步骤比较可行，也有效；但如果文科也简单机械地采用某种模式则不妥，而且违背学科特点。所以，我一开始就给老师们提出一个课题：要根据不同学科的特点在实践中创立符合实际的课堂教学形式。以语文课为例，为了不让语文课因机械照搬"高效课堂"的模式而失去语文特有的魅力，我亲自上示范课，给老师们展示以"读一读""说一说""议一议"为形式，充满"分享""质疑""感动"特点的语文课。关于我校的课堂改革，不是这篇文章的主要内容，也不是这篇短文能够说清楚的。这里就不多说了。

但我要强调的是，在我校的课堂改革中，我始终也没有用"高效课堂"这个说法，因为在实践中我和老师们都感到，不分学科地笼统要求"高效"不但无益，而且有害。"高效"一定要有检测，没有检测就无法证明"高效"。知识相对可以检测，有的能力（不是"全部能力"）也可以检测，所以许多"高效课堂"的模式都有"当堂检测""及时反馈"的环节；但情感、态度、价值观如何"当堂检测""及时反馈"？因为无法有效"检测"，前面我的引文中所说的"兴趣培养、习惯养成、学习能力、思维能力与品质等诸多方面"等希望追求的"效益"也就无从谈起。估计有人会说："无法检测，不等于没有效果啊。"是的，因为效果可能是潜在的、长远的，但"高效课堂"却要求"当堂检测"，这能做到吗？所以尽管"高效课堂"的倡导者所理解的"高效"不仅仅是知识，但于客观效果却的确是一种"知识"导向。

正是在这一点上，我觉得这样的"高效课堂"是违背并不以传授知识为主要内容的语文教学特点的。昨天有朋友在我那篇《语文学习与"高效课堂"势不两立》后面评论说，数理化学科也不宜采用"高效课堂"模式，因为数理化学科的教学也不仅仅是知识。关于这一点，我其实在文中也提到过，但对此我不想多说，因为我不便在我不熟悉的学科妄言。言多必失。

但我还想说的是，即使"高效课堂"的模式对于有些学科更合适，也不应该东西南北地"一刀切"，如果这种"一刀切"是靠教育局的行政命令，就更让老师们逆反了。我越来越感到，许多老师之所以对"高效课堂"乃至对杜郎口中学反感，往往是因为教育行政部门要求强制推广"高效课堂"——好像去年还是今年某县一位教育局长（我记不得他的名字了）就是因为"改革心切"而不被老师们理解，最后"悲壮下台"。如果这种"强制推广"落在我自以为比较熟悉的语文教学上，我当然要旗帜鲜明、理直气壮、斩钉截铁地说——

语文学习与"高效课堂"势不两立！

2017 年 12 月 28 日上午于成都飞北京的航班上

# "雪崩时，没有一片雪花觉得自己有责任"

—— 也说何老师被抓被关七小时

　　株洲县某小学何老师因一赵姓女生迟到而罚其站了一会儿，便被身为派出所副所长的该生父亲派人抓去关了七小时。此事引起舆论大哗。无数有良知的人对滥用权力的赵副所长予以愤怒谴责，并对何老师表达深深的同情。事情的最后结果是该副所长被记大过、免职，并调离公安系统。

　　我完全同意舆论对前赵副所长的谴责和对何老师的同情。但我更想深究的是——迟到女生为什么会叫来当派出所副所长的父亲？

　　原因很简单，在这个小学三年级的孩子看来，爸爸是派出所副所长，官儿比何老师大，能够"镇住"何老师。一个十来岁的孩子就知道叫来父亲"摆平"这件事，从某种意义上说，这比前赵副所长派人抓何老师更可怕，因为"权力无所不能"的"官念"，已经深深地扎根于孩子幼小的心灵中，且"理所当然"。

　　我们的教育，就这样培养出一个又一个（其实我是很想说"一批又一批"的）权力崇拜者。我想到几年前的"我爸是李刚"。

　　当然，孩子毕竟才十来岁，我不想过多（也不应该）谴责她。作为教育者，我想继续追问的是，小小年纪，这种"官大一级压死人"的陈腐意识是从何而来的？

　　我首先想到的是赵副所长。他倒不一定给女儿赤裸裸地说过"有权就有一切"之类的话，但从他叫来下属抓何老师这件事，我们可以想象他平时的一言一行对孩子有着怎样的教育——或者说"反教育"！

显然不仅仅是家庭教育有问题，还有我们的社会教育。在这里，"社会教育"可不是一个空洞的概念，而是存在于孩子周围每一个人自然而然的言谈举止以及孩子日常生活中的所见所闻之中。

毫无疑问，权力的傲慢、权力的霸道、权力的"无所不能"……已经渗透于我们生活的每一个角落。权力拥有者就可以支配别人，控制别人，为难别人，甚至"制服"别人！我这里说的"权力拥有者"，绝不仅仅是指有行政级别的各级领导，而是指每一个能够"管住别人"的人，比如一个停车场的收费员。我经常有这样的体验，我们有时候并不一定是受制于"大官"，而往往是受困于一个普通的"掌权者"，比如食堂打饭的师傅，他手中舀饭的勺，就是权力的象征，他可能因此而傲慢，因此而不可一世，因此而"以权谋私"。

普通老百姓都痛恨这样的权力拥有者，但很多人潜意识里都在向往"彼可取而代之"。不是吗？"吃得苦中苦，方为人上人。"这句陈腐的"格言"至今还挂在不少教育者的口中，成为"励志名言"。而希望自己的孩子成为"人上人"，正是多少家长的梦想啊！

（我们刚刚在几天前才纪念了陶行知的诞辰日，如果陶行知活到今天，看到他当年批得体无完肤的"吃得苦中苦，方为人上人"今天如此吃香，不知作何感想。）

在这样的社会，一个孩子崇拜权力，不是很"正常"的吗？

当我们谴责赵副所长滥用权力的时候，想没想过，如果自己的孩子也受到老师罚站或其他"不公正的对待"，会不会也采用类似方式——比如通过上一级领导的权力来"摆平"呢？

虽然不一定是把老师抓起来，但用更大的官来"收拾"老师，这性质难道不是一样的吗？

我曾经说过——其实很多人也说过，痛恨和谴责腐败分子的人，同时也向往着腐败的机会。这句话的逻辑，同样适用于这里。

学者蔡朝阳我没见过，但一直很敬佩他。刚刚读到他写的一篇评论此事的文章，题目叫作《赵副所长正是何老师的好学生》。在这篇注定要得罪许多"一线老师"的文章中，作者认为，何老师罚站迟到的学生，与赵副所长把何老师抓进派出所，"这两件事，其实性质是一样的。无非一个在教室罚站，一个在派出所罚站。看来，赵副所长正是何老师的好学生，得其真传"。作者进一步剖析道："何老师这种做法，隐含的一个权力逻辑是，在教室里，我最大，我就有权摆布你。那么，在派出所辖区内，赵副所长权力大，你被带走，到派出所罚站，也不用怨天怨地。因为，你对孩子做的，跟赵副所长对你做的，在本质上，有何差别？赵副所长做的，不就是你教的吗？求仁得仁，又何怨乎？"

这就是我要说的孩子头脑里"权力崇拜"的第三个来源——学校教育。同样，学校任何教师都不可能给学生灌输畸形的权力观，但以控制为目的的教育，以损害学生尊严为代价的教育，以不把学生当作人而只当作物（知识的容器和考试的机器）的教育……几乎每一天都在告诉学生，你必须听我的话——这个要"统一"，那个要"规范"，这个"不准"，那个"严禁"……而老师是绝对正确的，是不容冒犯的，老师的每一句话都是必须服从的——没有理由，就是因为发出指令的是老师。这就是不容置疑的权力。

潜移默化，不知不觉，不动声色，不漏痕迹——我们就这样把对权力的崇拜与恐惧植根于学生的心灵中。"长大后，我就成了你。这是我们目前最悲凉的现实。"蔡朝阳这句话说得好极了，同时这句话本身也悲凉极了。

看看网上压倒性多数地支持体罚的声音吧，我们更会对小女孩唤来父亲收拾老师的做法有更多的"理解"。当我们用羞辱和粗暴对待学生的时候，学生已经学会了怎样对待别人。平等只有靠平等来造就，尊严只有靠尊严来赢得，而傲慢只能培养出傲慢，专制只能繁衍出更多的专制。

请不要把学生和家长打老师，甚至杀老师的极端事例扩大化为师生关系的普遍现象，因而呼唤"戒尺进校园"。什么叫"戒尺"？戒尺是私塾先生用来体罚学童的木板。何老师因学生迟到而罚站，属于"打擦边球"，很难说是真正意义上的体罚，但肯定也不是恰当的教育方式，仅仅因为"不是恰当的教育方式"而被身为警察的家长抓去关起来，所以我谴责赵副所长而同情何老师。但我这里不评论何老师这一具体行为的对错。如果说这篇文章是因何老师的屈辱遭遇而写起，那么写到这里，我想超越具体的教育事例而谈谈我对教育惩罚的观点——

教育不但缺不了批评，而且也需要惩罚，但我愿意第 N 次重复我说过的话（类似的文章我也写过很多篇，网上都可以查到）——教育不能没有惩罚，但惩罚不是体罚。严格要求甚至必要的惩罚，这与给学生尊严一点都不矛盾，或者说，这本身也是爱的体现。正如爱不是迁就纵容，严也不是粗暴和羞辱。

每当我呼唤教育要有更多的民主、平等、尊重时，总有人会说我"太理想化""脱离国情""高高在上""不接地气"……我一直想问，教育，不就是"必要的乌托邦"吗？——很多年前，联合国教科文组织就提出一个著名命题："教育是必要的乌托邦。"不同国家的确有不同的实际情况，不同的民族的确有不同的文化传统，但只要是人，教育总有相通之处。同在蓝天下，都是大写的人——凭什么中国的孩子就不配享有没有责罚、羞辱和恐惧的教育？

我写这篇文章的时候，其实心怀愧疚。我从教 36 年，在我当班主任的经历中，也有过体罚，有过羞辱，有过控制，有过讽刺挖苦，有过自以为得意的"不战而屈人之兵"……其实，几乎每一个老师都可能有过这样或那样违背教育本质的言行，问题是，我们是在不断自我拷问、自我战胜、自我超越中走向成熟呢，还是以各种"高尚"的动机和"圣神"的旗号为自己的"反教育"言行辩解和开脱？在人类已经走向信息时代的当今，如果一个民族的教育还膜拜"权力"，崇尚"老大"，那这个民族就没有前途可言。

"雪崩时，没有一片雪花觉得自己有责任。"这句话据说是伏尔泰说的。我没有查证。但不管是不是他说的，我认为这句话本身是对的。当我们在谴责赵副所长的时候，不妨也反思反思自己。尊敬的学生家长，亲爱的教育同行，请千万要小心翼翼啊，因为在你的手中，每时每刻都孕育着未来的公民或臣民。

2018 年 10 月 21 日

# 真的"任何一名老师遇到这样的情况都会这样做"吗？

"任何一名老师遇到这样的情况都会这样做。"

这是杨雪老师的一句话。

杨雪是谁？最近说起甘肃庆阳，人们会想到那个 19 岁的跳楼女孩和几年前猥亵她的"吴老师"。但是，我觉得庆阳和盛小学的杨雪老师更应该被人关注，她是庆阳的"李芳"。

6 月 15 日下午，她护送学生回家途中，一辆小轿车快速驶来，危急时刻，杨雪把眼前四五名能保护到的学生一下推到斜前方，然后迅速用自己的身体挡住前方驶来的车辆，此刻她还紧紧抱着两名学生。她被车撞到了，可嘴里还在大声喊："先救学生，别管我，救学生……"

比信阳为救学生而牺牲的李芳幸运的是，杨雪老师没有失去生命，只是全身多处软组织受伤。

但她的行为，和信阳李芳一样伟大。

是的，有的老师不希望别人说教师"伟大"，好像一说"伟大"，就把教师当成了神。不对，教师的确有伟大的一面，这是教师职业本来蕴含的伟大。在那千钧一发的时刻，老师的确是孩子的守护神。

有网友在我写李芳的那篇文章后面评论说，李芳其实并不是有意识地去救学生的，而是无意中失去生命的，因为人的本能是保护自己。我特别反感这种说法，这是用所谓"人性本能"来贬低李芳的人格。

最近，躺在病床上的杨雪说："没有什么，任何一名老师遇到这样的情况都会这样做。"

善良的杨雪显然过于善良了。并不是"任何一名"都会在危急关头这样做的，教师中的败类也不少。比如上面我说的那些以小人之心度李芳之腹的"老师"。但是，可以肯定的是，绝大多数普通老师都会这样做。

平时，他们很普通，很平凡，也有这样或那样的不足或弱点，但他们有着起码的良知，一旦在自己的学生遇到危险时，他们一定会（而不是出于本能）冲在学生前面护着学生。这就是教师的伟大，是的——伟大！

你做不到，就不要怀疑其他人做不到。

这次杨雪没有成为"烈士"，甚至伤情也不算特别严重，可《中国教育报》等媒体给予了同样隆重的报道，我为《中国教育报》点赞！我期待教育部同样授予勇救学生而幸运活着的杨雪老师"全国优秀教师"的称号。而且我希望以后对勇救学生的老师，哪怕他丝毫没有受伤，依然能够授予"全国优秀教师"的称号！

我再次向这样的老师表达敬意，并再次呼吁——

善待身边的每一位善良而敬业的普通老师，说不定哪天他就会成为英雄。

2018 年 6 月 30 日

# 岂有此理
QI YOU CI LI

# 家长"红包挖坑"之后，
# 错的不是张老师，而是教育局！

　　这几天，一学生家长用红包挖坑陷害班主任老师的事，在网上引起热议。根据媒体介绍，事情经过大致如下——

　　张老师是某小学一年级三班的语文老师兼班主任，班上有一名学生家长要求给孩子调到教室中间视线好的位置。但这名学生个头比较高，如果把他调到中间，会挡住其他学生的视线。于是，张老师就把他调到了倒数第三排。但其家长"不依不饶"，不断打电话发微信，要求张老师重新给孩子调座位，使得这名家长与老师的关系比较紧张。

　　该校相关负责人介绍，2017年1月28日，当天正好是农历大年初一，这名家长就给张老师发了一个红包。张老师以为是春节喜庆的礼尚往来，可能家长想改善关系，她顺手就点开了这个88.88元的微信红包，然后马上返还了一个90元的红包，但该家长一直没有点击收取。

　　随后，这名家长把张老师收受红包的截图发到网上，同时也到当地教育局反映情况，称张老师私下收取学生家长的红包。于是，张老师被给予诫勉处分。

　　人们普遍谴责那个家长，觉得此人歹毒阴狠，"以后谁还敢教你的孩子啊！"我完全赞同舆论的谴责。我甚至认为，这样的家长已经用行为给自己的孩子做了最有效也最可怕的"家庭教育"，我真为其孩子的未来担忧：才一年级的小孩啊，有这样的家长"陪伴"，真不知以后会成什么样！

这样的家长根本就不配有孩子——自己都没学会做人，居然当上了"家长"，真担心会祸害子孙！

人们普遍同情张老师，为她鸣不平。是的，我也觉得她太冤了，先是被学生家长挖坑陷害，又被教育局通报批评。有朋友觉得张老师"也有错"，"错"就"错"在对学生家长没有"起码的防范意识"，于是好心地给张老师"支招"，还"一二三四"地说了好几条，总之是叫张老师"要有自我保护意识"。我却认为，在这件事上，张老师一点错都没有，一点都没有！因此我特别想对张老师说，尽管据当地教育局相关人士说你对处理意见"表示理解，没意见"（是否真的如此我不知道），但你完全不必自责，这件事你没有什么处理不当，你是一位坚持原则、正直公道的好老师！我再说一遍，你没做错什么，一点都没错！

也许有人会说："您这话说绝对了吧？张老师怎么没错呢？她就不该点开那个家长发的红包嘛！"但我认为，这也不能说张老师有错——在那种特定的情境下，善良的老师谁敢保证自己不会"上当""上钩"呢？我不同意说张老师"缺乏自我保护意识"。"增强自我保护意识"这句话，只在抽象意义上似乎是对的，但没有实际意义。请问，要"增强"到什么程度才算"达标"了？遇到存心要陷害你的人，再强的"保护意识"再多的"防范措施"都没用。网友们给张老师提的那些"建议"，只能防君子，防不了小人。所以，所谓"增强自我保护意识"，是一句真诚、正确但没有用的废话。

我倒是担心，因为这次被学生家长挖坑陷害，张老师从此因为"增强了防范意识"而不再信任大多数学生的家长，这势必影响教师和学生家长应有的健康合作关系。因此，我还想对张老师说的是，这个"挖坑家长"是个别的，并不具备普遍性，不要因此而失去对绝大多数家长的信任，当然，我想您也不会这样。您这么善良这么单纯，信任您尊敬您的家长更多。

顺便再说一句，我看到网上有个别网友说"要让那个孩子尝尝其家长恶行的后果"，千万不要这样，也不能这样！要把孩子和其家长区别开来。一年级的孩子毕竟还小，其家长人品差，行为恶劣，但孩子是无辜的。千万不要因此而迁怒于孩子！家长错了，却让孩子承受不公，这有悖于我们的教育良知。我相信，善良的张老师绝对会善待孩子的。

在这件事上，最该同情的，是受害人张老师；最该谴责的，是那个"挖坑家长"；而最该批评的，是当地教育局！

虽然从网上看，"处理决定"是以学校的名义作出的，但我当过校长，知道"规矩"——只要有家长举报学校的"违规行为"，无论是否属实，不管三七二十一，学校必须写回复，或作出处理决定。因此，我有理由判断，这个"处理决定"完全是在教育局压力下出台的，何况"处理决定"里也写明"经局务会议研究"——学校哪有资格开"局务会"？所以，我想请教当地教育局：你们凭什么要处理张老师？尽管有"处理决定"，但我依然一头雾水。也许是我理解能力欠缺，好，那就让我们再仔细学习一下"处理决定"吧！

"处理决定"声称："张××同志身为人民教师，违反廉洁纪律，其行为已构成违纪……"，劈头一顶"人民教师"的神圣帽子如泰山压顶，雷霆万钧，然后紧接着说"违反廉洁纪律"，我正等着看领导具体分析张老师是如何"违反廉洁纪律"的，"违反"了什么法规什么条例的"纪律"，但没有，而是马上跳跃到"其行为已构成违纪"，如此不摆事实，不顾逻辑，这哪里是在讲道理呢？

接下来是："鉴于张××同志收受学生家长的微信红包后，能马上回赠超过学生家长所给金额的红包，在主观上没有贪心占有的故意"。好，既然"鉴于"张老师客观上"马上回赠超过学生家长所给金额的红包"，主观上又"没有贪心占有的故意"，那前面说的"违反廉洁纪律，其行为已构成违纪"又从何说起？这不是自相矛盾吗？如果尊重你们自己说的"客观"和"主观"，这事就算结束了呗！直接义正辞严地回复家长：想陷害老师？门儿都没有！可是你们居然还"经局务会议研究"，你们"研究"什么呢？估计是怕家长闹事、上访，造成"不稳定因素"，于是为了息事宁人，干脆牺牲老师的尊严，而作出"决定"："决定对张××同志免于纪律处分，给予诫勉处理"。看，好像你们对"已经构成违纪"的张老师还十分宽大，本来"应该"给以"纪律处分"的，现在降格为"诫勉处理"，张老师是不是该感谢你们呀？然而，张老师本来就没有错呀！

接下来的一句是："并将所收受的红包交由组织处理"。哎哟哟，88.88元的红包还煞有介事地"交由组织处理"，我真的读出了一种庄严的滑稽——我想象不出，这 88.88 元的红包，怎么个"组织处理"？是由教育局领导郑重地退还给那个家长，还是上交国库？

"处理决定"最后说："在全市教育系统通报批评，并于 2018 年 1 月 12 日前向教育局提交书面检查。"读到这里，我真的不寒而栗！没有错的张老师，居然"享受"了"在全市教育系统通报批评"的"待遇"，这是一种"示众"啊，是一种羞辱！还限期"向教育局提交书面检查"，如此不由分说，如此居高临下，如此的"执行力"，如此穷追猛打（时过近一年了，还锲而不舍）……对谁呀？是"老虎"还是"苍蝇"？都不是。不过就是一个被学生家长设套坑了的可怜的张老师！

也许我的言辞激烈尖锐了一些，但请理解我的心情，也理解一下张老师的处境——挖坑陷害老师的家长啥事没有，被陷害的张老师却被通报批评。当那个家长快意于自己阴谋得逞而在家偷着乐的时候，任何正义的人都会义愤填膺的。

我绝对相信，该教育局平时为当地教育的发展作了大量贡献，为学校为老师们做了许多有益的实事，如此处理一个老师也有许多无奈甚至迫不得已；但是我还是要说，至少在这一件事情上，教育局有关领导缺乏一种直面现实、不惧矛盾的勇气。平时不是爱说"担当"吗？须知——宁肯自己承受各种压力也要保护受委屈的老师，这才是领导的担当啊！

在我看来，教育局是代表国家管理各学校的教育工作，包括教师队伍的建设，所以帮助教师，关心教师，也应该是教育局的分内事。这里的"关心"和"帮助"当然包括对的确违反了职业规范或犯了错误的教师予以必要的处分，也包括维护老师们的正当权益——通俗点说，就是老师们受了委屈，能够到教育局哭诉，而教育局能够为老师们撑腰。所以教育局也应该是老师们的"娘家"。现在倒好，张老师先被学生家长陷害，后被自己"娘家"处分——好比儿女在外面受了欺负，父母（其实这个比喻不太恰当，公务员不应该是老百姓的父母，但我这里姑且临时这么说说吧）不但不去收拾恶人，反而教训自己的儿女。——有这样的"父母"吗？

2018 年 1 月 16 日

# 十问常德津市市纪委

有时候生活中真实发生的事，比虚构的小说还精彩。这也是我很长时间不看小说的主要原因——几乎每天都有奇葩的事发生，如此丰富的娱乐生活，哪还需要小说？

比如，这份常德津市市纪委的突击检查通报——《市纪委突击检查教育系统办公用房》。

2018年4月21日下午，由市纪委常委王华带队，突击检查全市教育系统办公用房及主要领导的办公室内摆放物品的情况，共检查了三个单位：津市教育局、德雅中学、津市二完小。下面将主要检查情况通报如下：

一、检查教育局机关

主要检查了教育局所有党组成员的办公室、教育局办公室，主要有以下问题：

1. 检查刘学斌副局长办公室，发现其抽屉内有两包烟、文件柜内有小说等与工作无关的书籍。

2. 检查关平督学的办公室，其文件柜内有红枣等养生食品，检查曾令秋督学的办公室发现抽屉内有吃酒的回礼盒。

3. 检查蒋勇林局长的办公室，有一些散文、小说、时事等与工作无关的书籍。

4. 检查刘明华副局长的办公室，有小说以及吃酒的回礼盒。

5. 检查局办公室，发现有与工作无关的书籍。

二、检查德雅中学

1. 检查副校长室，发现有吃酒回礼盒以及与工作无关的书籍。

2. 检查支部书记室，发现有一些咖啡和零食。

3. 检查校长室，发现有小说等与工作无关的书籍，办公用房的配置可能存在争议性。

4. 检查学校办公室，发现有大量零食如瓜子、摩卡、饼干等，还有一些与工作无关的书籍。

三、检查二完小

1. 检查学校办公室，发现有瓜子等零食。

2. 检查校长室，有正在书写的书画作品，超过两盆的盆栽，也还有一些小零食和化妆品。

3. 检查副校长室，有一些与工作无关的书籍。

4. 检查教师办公室，盆栽超过了两盆，有牛奶等食品。

市纪委派驻教育局纪检组

2018 年 4 月 21 日

我一边看一边笑，真是"拍案惊奇"。

这份"通报"之滑稽不言而喻，任何思维正常的人都感到其荒唐与荒谬。这份"通报"所散发出来的"天然"的自我讽刺味已经无比辛辣，因此无需我再多此一举地批评与谴责。

但我还是有几个问题，想问问常德津市市纪委——

第一，这些"检查标准"已经离奇到超出了一般人的想象力，你们是怎么想出来的？能谈谈你们的逻辑思维或者"创意思路"吗？

第二，那么多可能滋生腐败或违规行为的地方不检查，为何你们独独对教育部门的办公室感兴趣呢？这是什么怪癖？方便透露一下吗？

第三，局长办公室有小说、散文、时事等，怎么就"与工作无关"

呢？局长就不能读小说了吗？当年毛主席还要求党的高级干部读《红楼梦》呢？

第四，说到"与工作无关"，那你们方便说说什么才是"与工作有关"的书吗？作为一个教育者，不读人文书籍，能有人文素养吗？没有人文素养能够成为一名真正的教育者吗？

第五，校长办公室的盆栽"超过两盆"，违了什么规？你们觉得办公室要脏乱差才显得"廉政"是吧？

第六，在学校办公室发现了"正在书写的书画作品"，你们就觉得违规了，是不是认为校长24小时都必须高速运转，不能有一点点放松和调剂？莫非你们认为具有人工智能的机器人才适合当校长吗？

第七，在办公室发现饼干、红枣、牛奶等食品，你们觉得很"反常"吗？难道你们不知道许多校长和老师，常常连早饭都不吃就"撸起袖子加油干"吗？

第八，你们不经当事人同意便闯入人家办公室，翻箱倒柜打开桌子抽屉乱翻乱找，这是不是涉嫌侵犯公民的隐私与人身权利？

第九，"己所不欲，勿施于人"，如果有人也突袭你们的办公室，你们作何感想？或者说，你们自己的办公室经得起用你们的标准去"突袭"吗？

第十，你们"越权作规定，层层加码"的粗暴做法，貌似"从严治党"，但实际上严重损害了党的形象，如此"高级黑"，居心何在？

常德津市市纪委，能够回答我这十个问题吗？

拜托了，谢谢！

2018 年 4 月 26 日

# 时间面前，人人平等

虽然有些不好意思，但我今天还是要"厚着脸皮"表扬一下自己——我这个人有着很强的时间观念。

比如讲课，无论是在学校给学生上课，还是在外面给老师们讲课，我基本上不拖堂（说"基本上"是为了避免把话说绝对，万一我记性不好，忘记了我某一次拖了堂呢），说几点结束就几点结束。当然，一般我也不会提前，每一分钟都得用足。比如10:30下课，我不会10:31下课，也不会提前到10:29结束。这都得归功于我的学生，是他们对我几十年的监督，让我养成了这个良好的习惯。

刚工作的几年，我上课也拖堂，90年代以后，我总是准时下课，因为我班的班规对我不按时下课有明确的惩罚规定。（当然，上个月在厦门新教育国际论坛演讲时，我拖了堂，但我事先就跟主持人说好了的，我说："我的演讲可能要延长一点时间。"主持人说："没问题，可以的。"因为我是最后一个演讲，所以主持人对我比较宽容吧！）

又比如对约定好的时间，开会、参加活动、朋友聚会等等，我也是说几点到就几点到，决不迟到；当然，也决不提前——每一分钟都是有用的。我特别不习惯某些国人的时间观念，说八点钟开始，实际上得八点半甚至九点钟才到。过去下乡当知青时，生产队开会就是这样的。

我的学生都知道：李老师的时间观念很强。我也多次跟学生说："守时，是对别人的尊重。"

我参加会议，特别烦讲话的领导没有时间观念，一开口便哇啦哇啦一大通，空洞乏味，一说就是一两个小时，我们听得实在不耐烦，但又不好不听。领导好不容易说完了，往往这样结束："哟，不好意思，由于时间关系，今天我就不展开讲了。"

"己所不欲，勿施于人。"所以我当校长时，每次讲话尽量简短，而且第一句话往往说："今天我讲 20 分钟！""今天讲半个小时！"如果是讲座，我也跟老师们说："今天的讲座比较长，我会讲一个小时（或两个小时）。"我跟老师们说："如果时间到了，我还在讲，你们可以走。不是你们不尊重我，而是我首先没有尊重你们。"

现在的许多论坛，一般对演讲者都有时间规定，比如每人 10 分钟，或 20 分钟——时间快到了，还会有美丽的小姐举着"一分钟"或"两分钟"的牌子在演讲者面前晃过去，以示提醒。每次我都不需要提醒，轮到我演讲时，我上去的第一件事，是把手表摘下来放在发言席上的麦克风旁，我时不时瞟瞟时间。我特别反感演讲者拖延时间，这是对后面演讲者不尊重，也是对听众不尊重。

更反感的是，有的论坛或会议，对一般发言者都有时间规定，可对最后一位发表"重要讲话"的领导则没有时间限制，任他信口开河，讲多久算多久。而且前面的演讲者都是站在旁边的演讲席前讲，唯独领导是坐在中间，慢悠悠地讲："这个这个，我呢今天就谈谈个人一点不成熟的，这个这个看法，呃，只是个人意见，呃，个人意见……"

有一次在一个地方讲学，通知下午两点开始，我 1:50 到，准备 PPT，调试音响。两点整开始讲课，可下面陆陆续续有迟到者进来，最后几位听课老师进来时，我看了看表，已经 2 点 35 分。讲课结束时，我忍不住提到了老师们的迟到："今天最后几位老师进来时，已经迟到了 35 分钟。我想问大家，如果你在上课，一个学生还差 5 分钟下课时才到教室，你会怎么想？你让他进来吗？我们都是老师，要求学生做到的，我们是不是应该首先做到？遵守时间，是一个人现代意识的标志，也是对别人的尊重。"

我又想到十多年前去北京参加一个表彰会，通知的是八点半准时开会——我记得那天早晨我和其他获奖者很早就起来，匆匆吃完早饭，便上车赶到表彰的会场。但八点半到了，主席台上空无一人。我以为是我记错了时间，但我看下面已经坐满了接受表彰的老师和其他与会的老师。一直到九点钟，领导们才一一上台坐定。旁边的工作人员还跟我们说悄悄话，并示范："鼓掌，快鼓掌！"于是，我们一起向迟到的领导鼓掌。

我想，也许不是领导的错，因为他们并没有迟到，他们接到的通知就是九点整开始，可能组织者考虑领导工作忙，时间很宝贵，不能因为等台下的开会者而耽误时间，于是便通知我们这些受表彰者八点半之前必须到场，静候领导。但我觉得这非常不合理，更不平等——领导的时间的确宝贵，可难道老师们的时间就不宝贵吗？应该互相尊重嘛！

人们常说，时间就是生命。人活一辈子，也就两三万天。流逝一分钟，生命便少了一分钟。人与人之间，生命是绝对平等的。所以我这句话应该不算错——

时间面前，人人平等。

2018 年 12 月 12 日

# "学霸""学渣"之类词语的流行是中国教育的耻辱

　　中国人民大学张鸣教授最近有一篇谈"考霸"的短文，说现在被称作"学霸"的学生，与其说是学习厉害，不如说是考试厉害，因此他们其实不是"学霸"，而是"考霸"。我非常赞同张鸣教授的观点。不过我想，就算是考试厉害，就该"称霸"吗？

　　不知从什么时候开始，我们的教育成了一种培养"霸气"的活动，学习则成了一场充满硝烟味的战争。早就被陶行知批得体无完肤的"人上人"格言，又残渣泛起，堂而皇之地成了某些家长和教师对孩子苦口婆心的激励："吃得苦中苦，方为人上人！"于是，"我傲立九天之上，恨不能万世为王""提高一分，干掉千人"也成了"励志"口号被写到了许多学校高三教室黑板的上方。本来应该相亲相爱、携手互助的同学，成了勾心斗角、暗中较劲甚至"你死我活"的对手。"学霸""学渣"的称呼应运而生，考得好便"霸气凌人"，不可一世，舍我其谁；考差了便成了"学渣"——"学生中的渣滓"啊，这是怎样的人格歧视，居然就出现在我们的教育中！

　　也许有朋友会说："你对'学霸''学渣'过度解读了！这不过就是自嘲自称而已，不就是调侃吗？何必这样上纲上线呢？"这话似乎"有道理"，开个玩笑嘛，何必当真呢？但有时候貌似玩笑的话，却隐含着某些不应该被模糊的严肃的内涵。不然，为什么中央要发文禁止党内"老板"

之类的称呼呢？

　　曾看到过这样的报道，某旅游景点有游客穿着"日本皇军"的服装拍照，还挎着日军指挥刀，结果激起舆论愤怒。也许有人会为他们辩护："这些游客难道真的是'崇拜皇军'吗？不就是搞笑娱乐嘛！旅游嘛，轻松轻松，开个玩笑，有必要'上纲上线'吗？"但正是在这貌似搞笑的举动中，正义与邪恶的标准被扭曲了，严肃而沉重的一段历史被消解了。"学霸""学渣"的流行当然和穿着日本军服拍照情况不太一样，但有一点是共同的，就是潜意识里是非的模糊甚至颠倒。

　　"学霸""学渣"的说法之所以有市场，背后原因当然是畸形的"应试教育"。教育，本来是充满人性、尊重人性，也滋养人性的，但"学霸""学渣"的说法，便让我们的教育没有了人味儿！雅斯贝尔斯说："教育是人的灵魂的教育，而非理性知识和认识的堆积。……谁要是把自己单纯地局限于学习和认识之上，即便他的学习能力非常强，那他的灵魂也是匮乏和不健全的。"但是，当内涵丰富的教育只剩下"刷题"这两个字的时候，学生便成了没有灵魂没有情感的考试机器，弱肉强食的丛林法则自然取代了充满人情、人道和人性的教育原则。"学霸"的诞生，"学渣"的出现，还有什么奇怪的呢？

　　最近在网上看到一张照片。照片上，一个运动员扛着自行车朝前跑着，他的后面是另一位运动员骑着自行车紧随其后。图片的文字说明是这样的——

　　在西班牙举行的自行车赛中，车手埃斯特万在距离终点只有300米时不幸爆胎，他只能扛起自行车跑向终点。令在场观众惊讶的事情发生了：他身后的竞争对手纳瓦罗拒绝超越，慢慢地跟在爆胎的埃斯特万身后！后来，取得冠军的埃斯特万想把奖牌送给纳瓦罗，但遭到了纳瓦罗的婉拒，理由是：自己不想在快到终点时超越一个爆胎的对手取胜，这样是不道德的。人生比的不是冠亚军，而是胸怀与境界……

　　这才是人类文明最动人的时刻！想想"学霸""学渣"之类词语的流

行，就知道我们现在一些"教育"是如何反教育甚至反文明了！

忽然又想到了我国现代妇产科学的主要开拓者和奠基人之一的林巧稚。1927年8月，林巧稚到上海参加协和医科大学的考试。考试期间一位女考生突然晕倒了，作为"竞争对手"的林巧稚毫不犹豫地停止了答卷，投入到对这位女考生的抢救中，最终使其脱险，但也因此而没有完成考试。林巧稚缺考一门，本来无缘入学。可是主考官被她的善良和爱心所感动，认为这是一名医生最需要的品质，于是破格录取了她。毕业后，林巧稚留在了协和医院。

这才是我们的教育应该培养的品质，而培养这样的学生，才是真正的教育！

早已辞职的茅卫东老师说："因为爱孩子，所以恨教育。"有人表示反对，其实这些人根本没读懂这句话。也是因为爱孩子，所以著名特级教师吴非对教育有着深深的忧虑或者说害怕，他害怕孩子纯洁的童心被污染甚至毒化，在其《前方是什么》一书中，他写道："经过千万年的劳动，野兽进化成了人；而在残忍的教育下，人很快就能回变成野兽。"

我曾经以为他这话太偏激，但看了太多赤裸裸的"兽性教育"，再读这句话，越想越可怕……

2017年9月28日晚于北京至成都的航班上

## 当这位 10 岁女孩在擦拭车厢地板时，
## 周围的成人为何那么麻木？

今天（2018 年 3 月 27 日）《成都商报》"要闻"版的一则新闻《一堂关于"修养"的考试　成都小学生拿了满分》触动了我——

公交车在路口急刹车，车上一名小学生端的豆浆打翻在车厢里，洒了一地……而让人感动的是，这名小学生从座位上站起来，把豆浆纸杯捡起扔进垃圾桶内，回到座位后再从书包内拿出纸巾，蹲在地板上一遍遍地擦拭地上的豆浆，一包纸巾用完了又开了一包纸巾，继续擦拭。目睹这一切的网友深感触动，这道关于修养与素质的考题，她给出了满分的解答。

这条新闻还有细节——

从豆浆洒落到小女孩下车，大约 10 分钟的过程里，小女孩不停地蹲下、擦地、起身，进行了大约 12 次，直到到达目的地下车。

这条新闻源于网友爆料——

3 月 23 日，有网友爆料，自己在乘坐 551 路公交上班时，遇到了感人一幕。当车辆行至华阳大道四通大厦十字路口时，公交车急刹车，这时坐在前几排一名小学生的豆浆打翻在车厢内，洒了一地。但这个小学生随后的行为，却让网友感动地掏出手机拍摄下照片，上传至网络。

事后，记者了解到小女孩名叫杨浩杰，10岁，是成都市高新区益民学校五（1）班的学生。记者问她：为什么要坚持把豆浆清理干净呢？"因为公交车是公共场所，来的时候什么样子，走的时候也应该什么样子。"杨浩杰说，她担心万一其他人踩到了车厢内的豆浆滑倒，所以必须清理干净。

读到这则新闻，我当然也为小女孩叫好，她的善良与责任感，令人敬佩。我注意到她就读的学校是民办的，学生大部分都是从外地到成都务工人员的子女。她在班上成绩中等，其家庭并非高知，母亲经营一家米线店……这些信息再次证明我曾经和一些教育同行争论过的观点：高尚的品格与父母是否有很高的文化素养没有必然联系，良好的修养和自觉的责任感与学习优异也不能完全画等号。

其实，小女孩擦拭自己洒在地板上的豆浆，是应该的，小事一桩，做了就做了，本不应作为大报新闻引起强烈反响和广泛热议。这事儿如果放在中国的50年代，或是放在我刚刚访学过的丹麦，根本不会成为新闻，更不可能成为"要闻"。

但问题是，现在我们的社会道德水平已经低到连一个小孩做了一件应该做的事都可以成为"要闻"的程度；在这个背景下，点点滴滴的亮色就应该尽可能地扩大，让这星光尽可能照亮更多人的心灵，从这个意义上说，《成都商报》的记者是敏锐而富有社会责任感的，同样值得点赞。

我刚才说了，"让这星光尽可能照亮更多人的心灵"，那这"更多的人"是谁呢？从近处说，是当时公交车厢里的其他乘客；往远处说，是许多面对同样情况（比如不小心把公共场所弄脏了）却拂手而去的成人。——当然不是说，所有孩子都会如杨浩杰一样自觉清理现场，但相对来说，孩子比大人纯真，这是毫无疑问的。

现场视频截屏图片显示，这趟车人不多，我数了数，截屏中有十来位坐着的成人，却无一人起来帮帮这个女孩，包括爆料者——据这条新闻说，"有网友爆料，自己在乘坐 551 路公交上班时，遇到了感人一幕。……感动地掏出手机拍摄下照片"。我想问这位爆料的网友：现场的你都觉得"感动"了，为何不去搭把手，不就是举手之劳吗？现场无动于衷，事后给媒体爆料说如何"感动"，你不觉得自己有什么不妥吗？

一个 10 岁的孩子在摇晃的车厢里擦地板，而且 10 分钟下蹲起身 12 次……坐着的十来个大人却无动于衷，充当着麻木不仁的看客。其中一人事后向媒体大谈"感动"。

我认为，这才是这条新闻的重点！

是小女孩自己把豆浆不慎洒落在地板上的，她清理干净当然是应该的，但周围的叔叔阿姨帮帮她不可以吗？这些叔叔阿姨当年在小学一定也参加过（多半还是踊跃参加）"学雷锋做好事"的活动，助人为乐的道理应该比小女孩懂得更多，可为什么长大了就不"学雷锋"了？这些成人的文化水平显然比小女孩高，说不定在各自单位还是有"身份"的人，但行动上呢？

至于我们平时经常看到一些成人的不文明行为：随地吐痰，遛狗时在路上留下狗粪却不打扫，吃了水果乱扔水果皮，开车时往窗外扔东西，进出小区门忘带钥匙却非要硬闯门卡，违规把自行车往电梯里塞……如此种种，基本上都是大人干的，而这些大人教育起小孩"要文明礼貌"那可是头头是道。

不要说我在"道德绑架"——不用谁"绑架"，只要这些成人良知尚存，如果和孩子比一比，应该在道德上自感无地自容。

网上有一句批评某些家长的话非常刻薄，却不无道理："自己一摊污泥，有什么理由恨铁不成钢？"

是的，面对我们经常喋喋不休"教育"的孩子，我们的心其实早已锈迹斑斑了！

德国作家凯斯特纳在《开学致词》的演说中，对家长和孩子们说："这个忠告你们要像记住古老纪念碑上的格言那样，印入脑海，嵌入心坎：那就是不要忘怀你们的童年！只有长大成人并保持童心的人，才是真正的人……"

每一个成人问问自己："我"还有童心吗？"我"是"真正的人"吗？

凯斯特纳还说："亲爱的家长们，如果你们有什么不明白的，请问问你们的孩子们。"

可是，现在还有家长愿意"问问你们的孩子们"吗？

我的朋友王开岭 2001 年曾写下过一篇题为《向儿童学习》的短文。作家这样写道——

应该说，在对善恶、正邪、美丑的区分，在对两极事物的判断、投票和立场抉择上，儿童比成人要清晰、利落和果决得多。儿童生活比成人的要天然、简明、纯净，他还不懂得妥协、隐瞒、撒谎、虚与委蛇——这些"厚黑"术。在对弱者的态度上，他的爱意之浓度、援手之慷慨、割舍之坦荡，尤其令人感动和着迷……

"天真"——这是我心目中对生命的最高审美了。

那时候，我们以为天上的星星一定能数得清，于是便真的去数了……

那时候，我们以为所有的梦想明天都会成真，于是便真的去梦了……

……

所谓的"成熟"，表面上是一种增值，但从生命美学的角度看，却实为一场减法：不断地交出与生俱来的美好元素和纯洁品质，去交换成人世界的某种逻辑、某种生存策略和实用技巧。就像一个懵懂的天使，不断地掏出衣兜里的宝石，去换取巫婆手中的玻璃球……

我想到了伟大的教育家苏霍姆林斯基说过的一句话，一个好老师"时刻都不忘记自己也曾经是个孩子"。做教师的如此，做父母也应如此，而承担着为下一代传承文明的所有成人呢？

保持童心，向孩子学习！这是包括我在内的所有成人毕生的功课。

这也是我从这条新闻中得到的启示。

2018 年 3 月 27 日

# 喟叹不已

KUI TAN BU YI

## 早就知道现在的师范生素质大不如过去，但没有想到竟然如此不堪！

前几年我还在学校做班主任，一天，几个学生非常认真地对我说："李老师以前成绩肯定不怎么好！"我的学生从来对我说话都很坦率。

我很吃惊，问："你们怎么这样说呢？"

他们回答："那你为什么要读文科，要考师范呢？"

哦，原来如此。我认真给他们解释："我们那时不分文理科。李老师读中学的时候，各科成绩都很好，我考上师范大学中文系后回去看我高中班主任，她非常吃惊，说你物理成绩那么好，应该考物理系啊！所以李老师绝不是你们说的'差生'，相反我当时在班上的成绩绝对名列前茅！"

后来我把我保存的一张 100 分（满分）的化学试卷给他们看，他们相信了李老师原来还是"优生"呢！

我以我为例，是想说明，仅仅在几十年前，中国的师范生还是很优秀或比较优秀的（我属于后者），包括 80 年代的中师生，都是初中毕业生中的出类拔萃者，他们后来成了广大乡村教育的中坚力量。

之所以想到这些，是因为看到一则确凿的消息：安徽省某县给所辖学校发了一个通知——中考成绩 330 分（除去体育和实验成绩）的考生有资格被送到某专科学校，五年后就能成为一名乡村教师！

据网上透露，该县 2018 年普通高中（含民办）录取控制分数线是 420 分，该县比较差的高中统招线也达到了 671 分！安徽省 2018 年中招考总分为 880 分，扣除实验和体育占分 90 分，卷面总分还有 790 分！330 分，得分率仅为 41.7%！

这中考只有 330 分、得分率仅为 41.7% 的学生，至少从成绩看来，绝对是"差生"（我从来认为，不必忌讳"差生"这个词），但这些"差生"居然可以免试进入师范专科学校，五年后将成为光荣的人民教师，无数家长的孩子将交给他们教育培养……我想起来就感到"恐怖"。

当然不是全国所有地方都是这样招师范生的，更不是所有师范生的文化素质都如此之低，但纵观全国，优秀的高中毕业生很少有人去报考师范，这是不争的事实。目前中国被确定为"211"大学的有 112 所，其中列入"985"大学的有 39 所。而在这 112 所"211"大学中，师范大学只有 8 所，其中"985 工程大学"仅两所。最近公布的 42 所"双一流大学"名单上，仅有北京师大、华东师大名列其中。这从一个侧面可以看出，师范类院校在全国高校中的地位。

现在，居然公开号召连普通高中都考不上的初中生去读师专，师范生的质量沦落到如此境地，真是让人欲哭无泪——为我们民族的未来忧心忡忡！

至于造成这种情况的原因，早已众所周知，用不着我多说。但是我想重提我提过的建议：第一，大幅度提高教师待遇，以吸引高中毕业生中最优秀的学生报考师范院校，同时留住在职的优秀教师。第二，当大幅度提高教师待遇后，师范院校必然成为考生的热门选项，于是，应该大幅度提高教师入职门槛，从大学录取、公招考试、教师管理等方面，对师范生和在职教师提出人格修养、职业规范、专业素养等方面的要求，让每一个教育入职者，都成为真正优秀因而无愧于社会尊敬的教师。

说实话，我写下这些都觉得苍白，因为这些话都说过很多次。可我真心希望我们国家不要再出现连高中都考不上的学生却成为师范生这样的笑话！

2018 年 7 月 11 日

# 和老一辈大师相比，我们连学者都谈不上

——从"翟天临学术不端事件"说起

最近，青年演员翟天临学术不端的事闹得沸沸扬扬，对此舆论已经有很多评论和谴责。这是应该的。作假必须付出代价。当然，我们都知道，学术作假、学位作假最严重的领域还不是演艺界，所以我希望学术打假不要仅仅限于演艺界……

但今天我不想多谈"学术打假"这个沉重的话题，也不想多说"翟天临事件"本身，那么多的评论已经把我想说的话都说出来了。我想谈谈由"翟天临学术不端事件"而产生的一点联想——

作为教师，我们应该有着怎样的学识修养和学术追求？

因为我常常在想，在当代中国，就算学士、硕士、博士们的文凭是真的，这些文凭拥有者（包括我）的学识究竟几何呢？

我一点都没有否认真才实学者的存在。这么大一个国家，要说现在没有大师级的学问家肯定不是事实，比如流沙河先生，和他聊天，他随口几句话，就是一篇通俗易懂而且妙趣横生的知识短文；但现在这样的大师不多，这也是事实。几年前，我和我的本科老师杜道生先生，还有我的岳父万鲁君先生聊天时，不止一次地感慨："和老一辈大师相比，我们连学者都谈不上！"其实，我说的这两位先生还不是如梁漱溟、陈寅恪等那样名满天下的大师，万老师和杜老师只是我身边普通的知识分子。

他们的文凭都不是博士——梁漱溟、陈寅恪和流沙河甚至还只是中学

学历。但他们毫无疑问都是真正的学问大家和学术大师。

是的——和老一辈大师相比，我们连学者都谈不上。

即便是从语文老师的角度看这个问题，如果我们参照上个世纪上半叶的一些中小学语文教师，我们也惭愧得很：朱自清、叶圣陶、钱穆……当然，也许有人会说，你净拿一些泰斗级的人物来作比较，太遥远了，没有说服力。好，那么我就说一个近在身边的人，他就是我的岳父——乐山一中语文退休教师万鲁君先生。他已经于几年前以92岁高龄去世了，但在我的心中，他依然是一个人格和学问的标杆。

上世纪40年代毕业于四川大学法律系的万老先生，解放后一直任高中语文教师，"文革"中仅仅因为大学毕业后曾在旧法院工作过几天，便被开除公职遣返回乡，饱受苦难，直到粉碎"四人帮"后才恢复名誉和工作。1982年我毕业分配到乐山一中，有幸和他成为同事；不久他便退休了，但后来我更有幸成了他的女婿。

他曾对我说："年轻时我有一个梦想，要么做大作家，要么当名教授。"凭我对他智商、学问的了解，如果不是生不逢时，他完全可以实现这个梦想的；至少，他完全可以成为于漪、钱梦龙那样享誉全国的特级教师。

他首先是一个非常高尚的人，在我老家，凡是知道他的人无不对他的人品钦佩不已，儒家关于修身养性的思想，已经化作他自然而然的生活方式，他的同事、学生都把他当作身边的雷锋。他的旧学功底相当深厚，"二十四史"是读通了的，文史哲信手拈来，好书法，擅长写古典诗词。他从38岁那年便开始每天洗冷水澡，一直到他生病住院前，都还坚持在早晨用冷水擦身。生命的最后时刻，我去看他，他心里还装着中东局势、反腐动态……

和他相处，我既感到幸运又感到尴尬。幸运的是，这么多年来，万老先生一直是我身边的一本百科全书式的"教参"，他全方位地熏染着我。如果说我后来在教育上有了一点成绩，首先归功于万老先生对我的影响。尴尬的是，我总是自觉不自觉地把万老先生当作一个"参照物"，和他一比，我真是觉得现在的语文教师远不如他们那一代人。这种不如，至少体现在三个方面：

一是学问功底。万老先生在小学时便接触了大量的传统经典，而我是在"批林批孔""评法批儒"的喧嚣声中成长起来的。由此产生的文化差距，简直天壤之别。年轻时曾经在课堂上写错别字，到现在我有时还会在文章中用错词。这些问题都是文化先天不足造成的。真是惭愧！去年，还有朋友在网上指出，我文中夸某位先生知识渊博时，说他不经意谈到的一些知识只是他整个知识储备的"冰山一角"……这里"冰山一角"用错了，因为这个词是指不好的事物。虽然我至今还有不同看法，觉得词义是在变化的，著名学者吴组缃教授生前就说过：《红楼梦》的思想艺术成就被人们认识到的只是'冰山一角'，藏在水下的更多。"但以后遇到类似的词我尽量不用，毕竟有争议。

二是为人境界。有了古今中外人类文明精华的滋养，哪怕是一个默默无闻的普通人，其人格也自成境界。我岳父那种善良、正直、坦荡、超然、淡泊，使我相信这个世界上的确有"纯粹的人"。

三是现代意识。万老先生年轻时所处的时代，使他关于民主、科学、宪政、人权等的意识非常浓厚，至今我和许多朋友聊的一些"启蒙"的"前卫观点"，在他看来都是最基本的常识。现代化、全球化、民主化……是我和他经常谈论的话题，但对话中我常常觉得自己捉襟见肘，而万老先生却游刃有余。

和他或他们那一代人比，我有什么呢？可能说话有些小幽默，教学有些小技巧，班级管理有些小创意……但这些小"智慧"（其实还不是真正的智慧）远不足以弥补文化差距所造成的"先天发育不良"。

我当然知道，我和我岳父之间的文化差距——而绝不仅仅是语文知识能力方面的差距——主要还是历史与时代造成的。虽然如此，我仍然努力在精神上接近万老先生，正是在这努力接近的过程中，我的精神境界也或多或少地有所提升。

我们这一代人，或者就说我自己吧，有着真诚的理想主义情怀和庄严的社会使命感——实事求是地说，这也是那个"红色年代"所赋予的。和现在的年轻人不同，我的启蒙物大多是红色经典，这些红色经典已经并且还将继续影响我的精神世界。回想我自己的中小学时代，虽然是在"文革"中，但一本本或没有封面或残缺不全的"禁书"：《红岩》《欧阳海之歌》《林海雪原》《草原烽火》《苦菜花》《钢铁是怎样炼成的》《红旗飘飘》等等，曾经是那样地激动了我一颗少年的心！随着时间的推移和时代的变迁，这些书所浸透的阶级意识、思想观点等，可能会渐渐在我心中蒸发，但通过文学形象所传递并最终过滤结晶的精神内核——正义、理想、气节、忠诚、刚毅、激情……则融入了我的血液，化作了我一生坚贞的信念。

祖国改革开放的春天，使包括我在内的每一个年轻人也迎来了自己人生和事业的春天。这是我们比老一辈语文教师幸运的地方。多年后，于漪老师曾对我说："唉，我们这一代语文教师被耽误得太多了，那时候，谁敢研究教育啊！连写篇文章去发表都要被批判为'白专'，更不要说著书立说了！你们真是幸运，赶上了好时代！"我岳父也曾对我说："唉！我们那时连批改作文本都得看看学生是什么成分。如果是贫下中农的子弟，即使作文写得不好也不敢打低分啊，要不然……"

然而，"赶上了好时代"却心有余而力不足。因为特殊年代造成的文化欠缺是很难一时补上的。喝"文革"狼奶长大的我，除了读过上面所说的几本书，我的心灵完全可以说是一片文化荒漠。怎么办？唯有阅读！

读本科的几年，我对文学名著和其他人文著作"暴饮暴食"。说来真惭愧，当时同寝室的"老三届"大哥对古典诗词很熟悉，而我只会整篇整篇地背"老三篇"和样板戏的唱词。当时我自卑地想，如果能够把这些全兑换成唐诗宋词，多好！再后来参加工作了，我一直坚持阅读。

我曾在一篇文章中说过，我非常怀念上世纪80年代那"万类霜天竞自由"的人文学术氛围。正是在那样一个宽松的氛围中，我读了大量的人文学术著作：《宽容》《异端的权利》《自我实现的人》《中国思想史论》《文化的冲突与抉择》《第三次浪潮》《六大观念：真、善、美、自由、平等、正义》《民主和专制的社会起源》《尼采文集》《心灵的探寻》，等等。这些著作的观点我不一定都能理解，或者即使理解了也不一定都赞同，但这些著作不仅开阔了我的思想视野，更让我越来越明确地意识到自己的身份："我是一名知识分子！"从那时候，我就提醒自己，尽管我也许一辈子都只是一名普通的语文教师，但这不妨碍我在三尺讲台上通过语文教育传播人类文化精华，以行使一个知识分子推动社会进步的神圣使命。

应该说，参加工作后，这种语文教学以外的阅读也是受了我岳父的影响。我发现，岳父读的书多数并不是语文教学的专业书，而是文学、历史、政治等人文书籍。正是从他那里，我知道了，一个语文教师应该有远比"语文"更宽阔的人文视野。当然，这样说并不意味着语文教学和教育本身的著作不重要（事实上，因为那几年脱产读博，让我有了比较集中的时间相对系统地读了不少教育学名著），而是说教语文不能就语文论语文，要从教育的高度看语文；搞教育不能就教育谈教育，要从社会的高度看教育。

应该说，我的阅读还是有盲区的，比起我岳父，我对许多古代经典至今没有涉猎；而相对于现在的年轻人，我对当代外国文学也比较陌生，还有现代民主政治的有关著作读得也很有限。不过，我至今坚持着阅读的爱好，我想我的视野会越来越宽的。

如果要从文凭的角度评论我国当代的教育发展，那真的是成就卓著，因为 50 年代，一个小学毕业生就算是"读书人"了。小时候看周立波的长篇小说《山乡巨变》，里面有一个小伙子暗恋上一个姑娘，但不好意思追求，他很自卑地想：人家是高小毕业呢！哪看得上我？当时读到这个细节我觉得好笑。从这里可以看到当时民众的教育程度。而现在"博士""硕士"满天飞，但我们很难（不是绝对没有，而是"很难"）找到一位学贯中西的大家。

而这样的学问家在过去的中小学是常见的。前几天，我去看望乐山一中的老教导主任罗成德先生。我对他说："我分配到乐山一中第一次试讲，就是您来听的课。当时我讲《卖炭翁》的最后一句'半匹红绡一丈绫，系向牛头充炭直'，笼统地说把一些破烂的丝绸扔给卖炭翁。您下来对我说：'绡，是生丝织物。'当时我非常惊讶，您是教地理的，知识如此渊博。"今年 89 岁的罗主任淡然笑笑，说："当教导主任嘛，当然什么都得懂点儿！"可我知道，现在并不是所有的教导主任都是"什么都懂点儿"的"罗成德"。我们还聊起 80 年代乐山一中语文组的老先生们，除了我前面提到的万鲁君，还有宋蜀瑜、胡祥书、毕承泽、宋弘惠……他们人品高尚，性格平和，学识渊博，教艺精湛，可他们的文凭，最多是本科，甚至有的仅仅是中师——但那个年代的中师文凭，让现在许多本科文凭都失去重量。我和罗主任谈到杜道生先生，他说："杜道生先生还是我高中的语文老师！"那是40年代。我再次对罗主任说："杜道生在古文字方面造诣极深，是我大学本科老师。可现在的中小学，还能找到这样的学者吗？"

想到这些，写到这里，一个老话题再次浮现：文凭真的有那么重要吗？什么时候我们的社会不那么看重文凭，或者看重文凭更看重水平，是不是假文凭就会少一些呢？

当然，这个社会问题远不是你我这些普通老百姓能够解决的，我们能够解决的就是自己的问题：不断阅读，用一生的时间提升自己的学识修养和学术水平，尽最大努力真正对得起"学士""硕士""博士"这个神圣的文凭。

或者再退一步说——作为一个教师，一个爸爸或妈妈，至少也应该让自己的学生或自己的孩子发自内心佩服自己不是？

2019 年 2 月 15 日

# 几乎每一个人都在"耍流氓"，或"被耍流氓"

《任何靠抢夺生源而取得中高考辉煌的都是"耍流氓"》一文激起如此强烈的反响——包括招来个别人的谩骂，完全在我的意料之中。需要抱歉的是，由于留言太多太多，留言满一百条便无法公开，所以一百条以后的留言好多我都没有再看。但我真诚感谢朋友们对"镇西茶馆"的关注！

首先声明：不择手段"抢生源"就是"耍流氓"，这个观点，我至今没变。

但这个话题，我还有话要说。

## 一、"择优录取"不等于不择手段"抢夺生源"

针对某些评论，今天再次强调三点：

第一，作为义务教育的小学和初中去抢夺"优生"，这首先不是一个道德问题，而是一个法律问题。《义务教育法》已经明确规定"免试入学""就近入学"，因此这个问题没有讨论的余地，更没有争论的空间。

第二，非义务教育的高中可以择优录取，但"择优录取"不等于不择手段地"抢夺生源"，而是大家遵守规则有序竞争。

第三，高等教育择优选拔，包括美国和世界著名高校在全球招生，和我抨击的基础教育的种种招生乱象显然不是一回事。有人居然把这两者当作一回事来批评我，我只能"哑口无言"，哑然失笑。我不明白这些朋友的逻辑是怎样"跳跃"的，思维是怎样"跨界"的。

因此，批评也是一门技术活儿，起码要概念清晰、逻辑严密吧？把义务教育和非义务教育混为一谈，把基础教育与高等教育混为一谈，把守规则的择优录取与"耍流氓"的不择手段混为一谈，我丝毫看不出这些朋友们和我遵循的是同一逻辑思维规则。

## 二、就这一点点"不安"，凸显了我们内心深处的良知

其实，招生乱象几乎无处不在，没有绝对的"净土"可言；而且作为教育者几乎人人参与，没有绝对的"君子"可言——包括鄙人！我当然没干过那些恶心的"招生"行径，但认真细想，我也有过不安的时候。我相信，相当多的老师——甚至可以说是绝大多数老师，还有校长，都曾经或正在"不安"。就这一点点"不安"，凸显了我们内心深处的良知其实并未泯灭。是的，在一个污浊的环境中，谁都不可能是"干净"的。但有人心安理得，甚至以"不干净"为荣耀；而有的人则因"不干净"而羞愧自责。人人都在"耍流氓"，但有人真的从心里认为"就该耍流氓"，认为"耍流氓"也是本事呢，因而争取主动地、有创意地"耍流氓"；而有人却觉得不该"耍流氓"，自己"耍流氓"是被逼无奈，是不得不"耍流氓"——是被"耍流氓"！

明明知道不择手段抢生源是"耍流氓"，却不得不为之，这里面蕴含着多少无奈、多么屈辱、多么悲愤？我们何尝不知道血肉横飞的"生源大战"是多么反道德，是多么反教育，是多么"耍流氓"！但由于种种原因，我们不得不"反道德""反教育""耍流氓"。我们并非心甘情愿地去做那些恶心的事，但他们不得不去做。人生还有比这更痛苦的被"耍流氓"吗？

## 三、应该怪校长和局长吗

似乎应该怪校长，因为学校招生工作是校长在策划、在部署、在指挥，学校的所有员工都听命于校长。没有校长的安排或者默认，没有哪个教师会去做违反规则也昧良心的事。可是，一校之长肩负着整个学校的方方面面的压力，除了安全压力，最大的压力就是"质量压力"了。而在目前的语境下，所谓"质量"就是分数，就是"升学率"，如果"应试成绩"下降，教育局那一关就过不了，整个学校综合考核等级就会降低，随之而来的"质量奖"就会受影响，次年的招生又会受冲击，如此"恶性循环"，任何校长都不敢视"质量"为儿戏，必然拼上老命地抓"质量"，而"抓"的第一个环节，自然是"抢占优生"。其他学校都这样做，谁不这样做谁傻瓜！于是，所有校长都被绑在了"应试教育"的战车上而无法停下来。战车之间互相绞杀，本来并肩战斗的同行成了你死我活的仇敌……充满人性的教育就这样成了弥漫硝烟的战争！

看来，一切的根源和始作俑者似乎在教育局。因为游戏规则是教育局制定的，游戏的裁判是教育局，最后胜负的裁定——学校办学质量的考核——也是教育局负责。可以说，无论教育思想、教育战略、教育发展乃至具体的教育改革项目，都是教育局在主导着。所有校长都说要"办人民满意的教育"，其实他们更多的时候情不自禁想的是要"办局长满意的教育"，校长不这样想不行啊！因为局长对学校的影响太大了，学校的一举一动都得让局长满意，否则就谈不上任何"发展"，甚至生存都成问题。而相对来说，如果教育局教育思想端正，教育行为科学，似乎是能够营造出一个良性的教育发展环境的，是可以不以师生人性扭曲、健康受损为代价取得"教育成就"的。

看来，这板子似乎应该打在教育局局长的屁股上。且慢，我刚才不断用了"似乎"这个表述，就说明问题还不那么简单。局长也有一肚子的难言之隐：如果不通过集中"优生"办好一所"名校"，那些"优生"就会外流到区外，而本区的"优质生源"的流失，造成最后市里对本区教育成绩评价的低下——流失那么多的"优生"，高考中考会好到哪里去呢？这个责任局长可承担不起啊！何况，局长上面还有分管副县长、副区长或副市长，他们是悬在局长头上的一把刀啊！是的，本区域的"教育质量"（其实就是"升学率"人数）是县长、区长、市长的重要政绩，他们承担不起"教育质量"在自己任期内"滑坡"的责任，于是自然会给局长们压力。可是，能够说"应试教育"的一切"罪恶"都由县长、区长、市长承担吗？试想一下，如果真的哪一年本地区的"高考上线人数"骤然下降，就算其仕途不受影响（也未必），那社会各界还不把县长、区长、市长骂死啊！从这个意义上看，看似决定一个地区教育走向的政府官员，其实早就身不由己地被社会绑架了！

## 四、这是一个永远无解的"死结"

但谁是"社会"？

是媒体吗？哪个媒体敢因为高考升学率下降而骂领导？是商场、医院、邮局、电影院、农贸市场吗？我们什么时候听见过这些场所的人因教育而骂过领导的？如果这些地方真有人骂的话，那他肯定是学生家长。

对了，其实，这个"社会"更多的时候就是学生家长。各行各业，千家万户，因为家有读书的孩子，便与教育有了直接的联系，便有了指责教育、要求学校、干涉教师、痛骂"当官的"的"自由"与"权利"。人人都在骂教育不公，其实有人之所以感到"不公"，是因为他没有得利。如果他得利了，所有人都认为不公的事他都认为"很公正"。骂"招生"不公？可是如果他的孩子进了想进的学校，哪怕是通过不正当手段进去的，他也觉得"很公正"。骂学校教师给学生的负担太重？可是当学校按素质教育理念减轻学生负担，周末不补课时，首先反对的是学生家长！被称作"高考工厂"的某"超级中学"之所以能够在全国扩展，其动机和动力并非来自局长、厅长，更非来自校长、教师，而是"家长的需求"！可以这么说，这么多年来学校各项改革的最大阻力，正是来自家长。正是由千千万万个具体的家长构成了某种特定的"社会"，这个"社会"绑架了市长，绑架了校长，绑架了教师，绑架了教育！

且慢，好像家长也"有话要说"呢！比如关于"择校"，由于历史的原因，客观上形成了小学和中学的优劣之别，可现在却不许家长们"择校"而一律"就近入学"，如果刚好家门口的学校很差，家长们便觉得自己孩子生不逢"地"，"太吃亏"了，自然会去"择校"——这就是"名校"的"社会需求"。又如关于加重孩子的负担，家长也在抱怨："我愿意让我的孩子受罪吗？那是考试逼着我不得不逼孩子啊！不管什么教育，不管什么改革，现行高考制度依然如旧，那一切都没用！"这似乎成了某种"社会共识"——高考是万恶之源。

但真的这么简单吗？难道取消了高考就解决问题了吗？如果中国真的取消了高考，会是怎样不堪设想的后果？

还有人认为"罪恶"的根源是人口众多与资源稀缺的不可调和的矛盾；

还有人认为，这都是中国传统文化惹的祸，"万般皆下品，惟有读书高"的"余毒"导致了"范进"和"孔乙己"绵绵不绝；

还有人认为，一切源于"体制"——"教育体制"乃至"管理体制"；

……

这是一个永远无解的"死结"！

## 五、我们每个人都是产生这"罪恶"的土壤

我这篇文字，无力解开这个"死结"。我只想表达一个意思，如果说现在教育有"罪恶"，那么，我们每一个人——教师、校长、局长、厅长、市长、省长，更有每一个学生家长，都是产生这"罪恶"的土壤，或者说，我们都从不同角度在不同程度上参与了这"罪恶"的制造。

不要仅仅归咎于"制度"，所有的"制度"都是人制定的，也要靠人去执行。没有相应素质的人，再好的教育思想和教育制度也不配享受。有一句话很流行也很经典："雪崩时，没有一片雪花觉得自己有责任。"如果——当然，我这样"如果"实在是太理想化因而太苍白了——我们每一个人都从自己开始反思并改变自己的教育行为，人人都这样想这样做，中

国的教育是不是会有些许希望？

我曾经在博客上的签名是："李镇西，一位悲观绝望的教育理想主义行动者。"很多朋友不理解。现在应该理解了吧？虽然悲观，但理想不灭，且愿意在行动上做一点算一点。

"微斯人，吾谁与归？"

2017 年 4 月 21 日

## 我们每一个人随时都可能成为
## 被二次碾压的马瑞霞，或肇事司机

前几天，驻马店女子马瑞霞过斑马线时，被来往车辆两次碾压而猝然离开这个世界。一时间，这条新闻搅动了中国，那段视频上的肇事车在碾过马瑞霞的同时，也碾过了无数中国人的心。网上网下热议如潮，谴责或剖析，正义而深刻。

几天过后，热闹终于渐渐沉寂。"时间永是流逝，街市依旧太平，有限的几个生命在中国是不算什么的。"鲁迅90多年前的话，说的就是今天。

人们在渐渐忘记远方的马瑞霞的时候，同时忘记了一个离自己最近的现实："我"也随时都可能成为二次被碾的马瑞霞。

这是今天早晨上班我最深切的感受，也是对自己残酷的提醒。

和往常一样，我六点半就出门了，沿着锦江上班去。静流的江水，翻飞的白鹭，婀娜的柳枝，青翠的竹林……每天都是这样的景色陪伴着我。不过，今天多了淅淅沥沥的中雨。但这不能妨碍我晨练的热情，我撑着伞沿江而行，蒙蒙雨雾，让锦江两岸朦胧而妩媚。

走到竹林村，我从岸边走到街上，面对一个没有信号灯的斑马线。我需要穿过马路去不远处的教科院。雨依然下着，而且还不小。一辆又一辆的小车、越野车、大客车呼啸而过，溅起的积水射得很远。我站在街边的斑马线起点，等着车辆减速甚至停下，让我和一群行人通过斑马线穿过马路。一辆，又一辆，再一辆……面对斑马线，我们乖乖地站在路边，对每一辆车都充满期待，无限期待哪怕有一辆车减速——没有奢望过停下，但是，无论我们怎么热切期待，"罗森塔尔效应"都没有出现。

总不能这样无限期地等下去吧？鼓起勇气，我朝马路中间大跨一步，同时挥手示意。也许我闪电般的身影很突然，很触目惊心，那车急刹，瞬间，没人组织号召，一群男女老幼的陌生人拥在了一起，彼此呵护，互相照应，朝马路对面走去。虽然只有十几步，却需要冒着生命危险，宛如穿越封锁线⋯⋯

到达彼岸后回头看，斑马线再次被如织的车流淹没。刚才的"生命共同体"一过马路便各奔东西，恢复了彼此素不相识的关系和状态。但我想，大家和我一样都有着脱离生命危险的庆幸。我却一直继续在想，刚才那一刻，每个人都可能成为马瑞霞。不不，在中国许多地方的斑马线上，随时都可能有人成为马瑞霞。

我并不认为"外国的月亮比中国圆"，不是我"崇洋媚外"，但每当我站在斑马线旁看着疾驰而过的车流时，我总会情不自禁想到我在美国、在欧洲、在澳洲等地过马路的经历——我相信，凡是去过发达国家的人，或多或少都有这样的经历。当我要过马路时，有时候甚至我还没走到马路边，车就已经停下了，因为司机看出了我要过马路的意图，他提前静静停在路边，等着我过马路。有一次，我刚走到马路边，突然看到车也过来了，我习惯性地停下等着车先开过去，结果车也停下了，然后司机把手伸出窗外向我示意，叫我先过马路。那一刻，我真的很感动：全球处处有雷锋啊！或者我运气好，遇到了"感动美国人物"或"最美法国人"。

刚才的一幕，当然不是今天才有。我每天上班都要经过这个路口，都要穿过斑马线，都要冒着生命的危险前进。而造成这种险境的人是谁？

当然，有人会从制度上问责，比如质问："为什么这个路口不安装信号灯？"还有人会从道德、国情、文化、国民性等方方面面找原因。

我没那么高屋建瓴的眼光，更没鞭辟入里的深刻，我只想问一个朴素的问题，我也希望这个问题能够成为每一个人的自问——

如果我是马路上那辆飞驰的车的司机，我会为行人而停车吗？

可以设想一下，车里的每一个司机都同时是一名教师、医生、法官、学者、诗人、作家、公务员、企业老总……在生活中，在其职业领域，每一个人都善良而敬业，都明白做人的道理，都愿意做一个有良知的人，都鄙视没有道德的人；在孩子面前，是好父母；在单位，是好同事；在学生面前，是好老师；在患者面前，是好医生；在报社，是好记者；在企业，是好领导……当马瑞霞事件发生后，他们当中的每一个人都对肇事司机义愤填膺，痛加谴责，但当他们开车在马路上行驶时，却很少（不是绝对没有）有人会在斑马线前停下来，让行人先过。所以，造成斑马线险境险情的不是哪一个肇事者，而可能是我们当中的每一个人！

可怕的不是成心报复社会的恶魔，而是知书达理、心存善良却时时不经意地积攒"小恶"的好人。正是千千万万乃至无数包括我们自己在内的一个又一个"好人"，不知不觉积攒的"小恶"铸成了令我们感到窒息让我们深恶痛绝的社会风气。

所以，我们每一个人不但随时可能成为马瑞霞，而且随时可能成为那个肇事司机——虽然你不一定会开车，但你可能在其他方面给别人带去"恶"。

同一个人，过马路时盼望车上的司机能够停下让让行人；一旦他坐在驾驶位置上，面对过马路的行人却毫不减速，还在心里骂过马路的行人："找死啊你！"

怕就怕对人对己双重标准——骂专制酣畅淋漓，那都是对别人，如果自己当了"政"，便成了暴君；骂腐败义正词严，那都是对别人，如果自己有了"权"，便成了贪官。

体制是重要的，文化是重要的，但我们暂时不能直接去改变体制和文化，那我们能做的，就是做好自己。而所谓"做好自己"，没那么高端，没那么深刻，也没那么神圣，无非就是"将心比心"——自己喜欢别人怎么对自己，就努力那样去对别人；自己厌恶别人做什么，就千万不要做自己厌恶的那种人。

古人所谓"己所不欲，勿施于人"，就是这个意思；今人所说"做人的底线"，就是这个意思。

2017 年 6 月 15 日

## "天使"是怎样变成"恶魔"的，
## "恶魔"是怎样混为"天使"的？

　　我印象中至少有两类从业者被誉为"天使"——医院护士和幼儿园教师。所谓"天使"，在这里是一种比喻，即拥有"圣洁、善良、正直"品质的人。

　　但今天我不谈医院护士。这篇文章中的"天使"，特指幼儿园教师。这个联想源于近期报道的多家幼儿园虐童事件。"天使"如此丧尽天良，理所当然地点燃了全社会的冲天怒火。面对舆论的一致谴责，有关负责人发表的声明不但没有诚恳认错，反而闪烁其词，避重就轻，居然还以"对个别人士涉嫌诬告、陷害的行为"已经"向公安机关报案"相威胁。结果激起更大的社会愤慨。易中天先生说的六个字表达了我的义愤："虐童禽兽不如！"

　　是的，虐童禽兽不如。人们常说"人心都是肉长的"，可这些虐童的"幼儿教师"，很难让我们相信她们（幼儿教师当然不限于女的，但就目前而言，幼儿教师中的绝大多数还是女的，所以请允许我用"她们"）的心是肉长的，因为她们的心无法与我们的心相通。我无论如何想不通：她们的心肠怎么就那么硬那么歹毒？她们怎么就下得了手？她们是怎么想的？她们就没有自己的孩子吗？（或者她们将来就不会有孩子吗？）她们不是从幼儿长大的吗？……这些我想不通的问题，最后终于想通了——因为她们根本就不是人，也不是禽兽，而是如易中天所说的"禽兽不如"的怪物，我想，它们（对，没写错，是"它们"）可能应该被称作"恶魔"。

从宗教意义上说，天使是上帝的使者，是受上帝的差遣保护信众不被恶魔侵扰的保护者。现在"天使"却居然堕落成了"恶魔"。我想知道，"天使"是怎样变成"恶魔"的？

也许从业之初，她们还是很有爱心的，从来没有想过要虐童；她们可能也愿意尽心尽力做好幼教工作——就算不是出于多么高尚的职业道德，至少为了饭碗也不敢做出有悖于职业道德的事。但随着时间的推移，超负荷的工作量让她们失去了耐心，也失去了爱心——据权威数据显示，目前一个中国幼教老师要面对的是 20 个孩子，远远超过 2013 年教育部印发的《幼儿园教职工配备标准（暂行）》中规定的 1:5 至 1:7 的师生比。要想让一个幼儿教师在面对 20 个孩子时能够像孩子的爷爷奶奶一样无微不至细心呵护，似乎有点"苛求"。而且据说现在幼儿教师的待遇普遍不高，以最近出事的北京朝阳的那个幼儿园为例，有报道说这里的教师月薪只在 2000～3000 元之间。高强度的工作和低收入的待遇，使一些原本多少还有些爱心的"天使"成为虐童的"恶魔"，似乎是"顺理成章"，甚至值得"理解"和"同情"。

可是，工作累、收入低，就可以对幼儿施虐吗？一些老师因工作累、收入低而懈怠，慵懒，敷衍，迟到早退，出工不出力……这些表现当然不称职，但我都可以"原谅"。然而，给宝宝扎针、喂药、喂芥末，殴打宝宝，甚至猥亵性侵宝宝的行为，已经突破了人性的底线，这已经和所谓"压力大""薪酬少"没有必然联系了。如此"禽兽不如"，让我怀疑这些"幼儿教师"一开始就不是什么"天使"，而是"恶魔"——从来没有一丁点儿源于人性的爱心，"人之初，性本善"用在她们身上完全不适合。于是，问题又来了——"恶魔"是怎样混为"天使"的？换句话说，这些根本就不具备幼教素质的人，是如何成为幼儿教师的？

我查了查教育部 2012 年颁布的《幼儿园教师专业标准（试行）》，上面明明白白地写着："关爱幼儿，重视幼儿身心健康，将保护幼儿生命安全放在首位。""尊重幼儿人格，维护幼儿合法权益，平等对待每一位幼儿。不讽刺、挖苦、歧视幼儿，不体罚或变相体罚幼儿。"可为什么那些"恶魔"居然就混进了"天使"的队伍？还有一个数据：全国拥有幼教资格证的在职教师占比为 61%，持非幼教资格证的占比为 17%，无证教师占比则达 22%！最后一个比例真是令人触目惊心！

不是有那么多的各级资格考核审批机构吗？这 22% 的无证教师是怎么从各教育权威部门的眼皮子底下混进幼儿园的？当然不能说所有无证教师就一定是"恶魔"，正如不能说有证教师中就绝对没有"恶魔"一样，但如此松散的"把关"，让幼教从业门槛形同虚设，似乎谁都可以成为幼儿教师，这无疑为一些根本不具备幼教基本素养（首先是道德素养）的人进入幼儿园大开了方便之门。虐童隐患就此埋下。

此等现状当然是幼儿教师"供不应求"造成的——幼教师资严重不足，无法满足人民群众日益增长的需求。有数据显示，2016 年中国在园儿童（包括附设班）4413.86 万人，幼儿园教职工为 381.8 万人。若要达到教育部规定的 1∶7 教职工幼儿比，需新增幼教职工 248.8 万人！如此大的缺口，当然就"萝卜快了不洗泥"，管不了那么多啦！

为什么不提高幼教入职门槛呢？为什么不严把幼教入职关呢？为什么不把学前教育纳入义务教育呢？为什么不提高幼儿教师的待遇呢？为什么不依法严格管理各级各类幼儿园呢？……如果把这许多"为什么"解决了，"天使"就不那么容易堕落成"魔鬼"，而"魔鬼"更很难混成"天使"。

最近，教育部针对近期出现的幼儿园虐童事件已经部署开展幼儿园办院行为专项督查。教育部强调，对一切存在损害幼儿身心健康行为的幼儿园和教职工必须进行严肃查处，对情节严重、构成犯罪的，必须依法追究刑事责任，以切实保障幼儿身心健康成长。

虽然晚了一些，但毕竟是一个好消息。愿这次"专项督查"能够成为"新常态"，使一切"恶魔"绝迹于幼儿园。

今年 7 月 18 日，美国洛杉矶的加州中区联邦法院判处一个叫茂罗（Kelly J.Morrow）的中年男子监狱服刑 25 年，原因是他在中国居住期间曾经性侵 4 名男童。看了这条新闻，我真希望中国的法律对虐童者也如此严苛。

2017 年 11 月 27 日晚于丽江至成都的航班上

# 变态的高考

## ——从"旗开得胜"说起

　　题目所说"变态的高考",特指一种令人忧虑的社会现象。我得从"旗开得胜"说起。

　　"旗开得胜"是一个大家熟知的成语,意思是,军旗一展开,战斗就取得了胜利。比喻事情刚开始就取得成功。这里的"旗"显然是指"军旗"。但现在这个成语中的"旗"变成了"旗袍"。最近几年在许多高考考场门外,有不少穿着旗袍的中年妇女,摆着各种造型拍照,还传到微信朋友圈去晒。据说是因为"旗开得胜"。

　　亲爱的母亲们,我理解你们盼望儿女高考获胜的心情和愿望。但你们表达这种心情和愿望的方式太愚昧了啊!妈妈如果"旗开",孩子就能"得胜"?这"胜"来得这么容易?所谓"可怜天下父母心",将"得胜"寄托于"旗开"的妈妈,的确可怜。

　　成语"旗开得胜"往往和"马到成功"一起连用,于是,除了妈妈穿旗袍,爸爸还得穿马褂——"马到成功"嘛!更有甚者,开车的师傅得选择姓陈的,与"成功"的"成"谐音。其实,在我看来,干脆直接找姓"成"的师傅,副驾驶找姓"龚"的得了,这"成功"不就"成"了吗?只是姓"成"的和姓"龚"的都比较少,还不太好找,如果较真非要"成""龚"送,那孩子很可能就没人送考场了。

　　还有更奇葩的呢!读到一则"高考三天穿衣提示":第一天穿红色

（开门红），第二天穿绿色（一路绿灯），第三天穿灰色和黄色（走向辉煌）。考生拿到试卷后不要慌，先亲一下，这叫吻过，即"稳过"……

我不知道吻过试卷的考生是不是都"稳过"了，反正我感到了一种邪教的味道。

也许有考生家长不服了："不就表达一个心愿吗？犯得上这样'上纲上线'吗？再说了，我穿衣服我做主，穿旗袍，穿马褂，你管得着吗你？"

穿衣当然是个人行为，但当穿衣同高考结果连在了一起，就给孩子传递了一种畸形的信息甚至价值观。

"春节不还要在门上贴个福字呀鱼儿年画呀之类的，不也是图个'年年有余'的吉祥吗？难道那也是迷信和邪教？"估计有人会愤愤然。

是的，谁没有给别人作揖说过"恭喜发财"呢？谁又没有被人祝福过"一路平安""一生幸福"呢？微信发红包，往往都发含有数字6、8、66、88什么的，不也是图个"顺"图个"发"吗？在农村，如果高考那天刚好房上有喜鹊叫，父母很自然地会跟孩子说："孩子，好兆头！"

凡事都有个度，超过一定的度性质就变了，所谓"从量变到质变"。麻将桌上，几元几十元的输赢那叫"娱乐"，没人管你；几万十几万的输赢那叫"赌博"，法律就要追究你了。你一个人穿旗袍或马褂，既不犯法也不妨碍他人，确实谁也管不着，不容置喙；但当更多的"旗袍""马褂"汇聚于高考考场外等公共场合时，当许多人团体操一般高举向日葵以示"一举夺魁（葵）"时，当不少家长举着"文曲星附体一周"的牌子在考场外游荡时，当学校十几辆甚至几十辆送考生的大巴都统一用"666"的车牌号时，当考生们穿上古装有组织地跪拜神灵以求"金榜题名""状元及第"时……这种社会现象还叫"个人行为"，还是"小事儿"吗？

在倡导践行社会主义核心价值观的今天，这给孩子传递怎样一种"高考价值观"？一切都是侥幸，一切都是天命，一切都是撞大运，一切都是神灵保佑……"幸福是奋斗出来的"，"旗（袍）开"就"得胜"，"马（褂）到"就"成功"，还"奋斗"个啥呢？

如果说"不懂教育"的家长是无意识地给孩子传递了不正确的观念，那么作为专业教育工作者的一些校长和老师，则是在所谓"励志"的名义下有意识地给学生赤裸裸地灌输扭曲了的价值观，许多充满腐朽没落的思想意识沉渣泛起，堂而皇之地进入了21世纪中国的校园，请看这些挂在教学楼或贴在教室里的口号吧——

"提高一分，干掉千人！""愿你们合上笔帽的刹那，有着侠客收剑入鞘的骄傲！""此生只为高考狂，冲进重点孝爹娘！""为了爹娘，为了自己，拼了！""进清华，与主席总理称兄道弟；入北大，同大家巨匠论道谈经。""要成功，先发疯！""血战考场酬壮志""不拼搏没老婆，不用功没老公""睡吧！玩吧！毕业一起收破烂吧！""天王盖地虎全上985，宝塔镇河妖最次211"……

还有一次又一次的操场"誓师"。一张张年轻稚气的脸，却杀气腾腾，两眼喷火："唯我英雄""独霸考场""舍我其谁""破釜沉舟""背水一战""有去无回"……一只只手臂整齐地挥舞着，嘶哑的声音回荡在天空。

80多年前，陶行知就抨击过的"吃得苦中苦，方为人上人"的陈腐观念，今天以更血淋淋或更有火药味的语言堂而皇之地出现在校园里。高考只是"为自己""孝爹娘"，境界再高一些也不过"光宗耀祖"，因此什么"民族复兴""中国梦""责任""使命""担当"……全被当作"虚"的，无影无踪。只有赤裸裸的"发疯""血战""拼了""干掉"！

而高考最后一刻终了了，在全中国几乎所有校园会上演同一幕"壮观"的景象——撕书，或烧书！整个学校如过盛大的节日，被撕碎的书页如六月飞雪，洋洋洒洒在空中飞舞。考生们在欢呼——终于不用再熬夜、再补课、再排名、再"发疯"了，长达12年的"应试劳役"终于结束了！

每当看到这种狂欢，我就情不自禁地想到这些孩子的12年前，就是他们上小学一年级的前一天晚上，该是怎样的兴奋啊！明天就是小学生了，要读书了，小书包放在枕头边看了又看，摸了又摸，兴奋得睡不着。妈妈一遍遍催促："孩子，快睡吧！明天得早点去报名呢！"可孩子依然睡不着，他在向往，他憧憬……

可为什么12年前孩子憧憬的生活，现在成了他不愿回首的岁月？

请不要用"高考是唯一公平的制度""高考是贫寒子弟通向幸福人生的唯一途径"之类的话，来为种种高考丑态辩护！我没有否认高考制度

（尽管它需要更完善），我也没有否认高考对每一个孩子（不仅仅是农家子弟）未来的重要意义，可上述种种关于高考的变态现象，和高考公平没有关系。退回到 20 年、30 年、40 年前，我们的高考干干净净，清清爽爽，一代代有志气的青年，包括无数农村孩子，不也经过高考走向了成功吗？

1977 年 10 月，当恢复高考的时候，整个民族都为之一振；谁曾想到，40 多年过去，中国大地竟然出现了——

畸形的校园，癫狂的高考，愚昧的父母，可怜的孩子！

谁来拯救中国的教育？谁来拯救我们的未来？

2018 年 6 月 10 日

# 夏老师没有自杀，为什么有人感到了失望？

最初听说茂县那位因打学生屁股而受处分的夏老师"悬梁自尽"了，我很震惊，在微信朋友圈里评论了几个字："痛心！惋惜！"但很快当地教育行政部门便发布了辟谣声明。不知是谣言远比真相更吸引眼球，还是人们更愿意相信自己希望发生的事，总之"夏老师自杀"的帖子依然在网上传播。最后，当事人夏老师在网上发布了辟谣视频。

按理说，谣言到此不攻自破，但网上因夏老师"自杀"激起的"民愤"却没有停息，各种抨击、控诉的煽情评论一次次刷屏。这甚至使我怀疑，夏老师的辟谣视频会不会是假的？从技术上说，这并非不可能——辟谣视频中，夏老师的面部打了马赛克，这为"作假"的猜想留下了空间。于是，我通过可靠途径核实真相，得到的答复是："夏老师并没有自杀，一直在正常上班。"

夏老师确实并没有自杀，这铁一般的事实逐步被大家接受。然而，有人却依然发表评论："夏老师自杀与否其实并不重要……"

我一下惊呆了：我的天！得有怎样奇葩的思维，才会有如此诡谲的心态啊？

原来，夏老师没有自杀，让有的人很失望，因为他们其实是希望夏老师自杀的。他们已经表达而且还准备表达的同情、控诉、愤怒、谴责等等，因为"夏老师自杀是谣言"而失去了排山倒海、一泻千里的理由，这让他们满腔的"正义"何处安放？

试想一下，如果夏老师真的"自杀"了，主张"体罚"的汹汹"民意"（其实是"民粹"）将再次占据舆论主流："体罚何错之有！""黄荆条下出好人，自古而然。""强烈要求给教师以体罚的权利！""今后谁还愿意当老师啊！""如果今天不打孩子，明天整个民族就要被别人打！"……当然，更有人会为夏老师"自杀"而"悲愤不已"："是谁把一个认真负责的老师逼上了绝路？""夏老师用生命唤醒了我们对体罚的重新认识！"还会有人从国情、传统、文化、体制等角度全方位剖析（同时也是"消费"）"夏老师自杀"的"悲剧"。

可是，夏老师"居然"没有自杀，而且"正常上班"，这让许多还没来得及喷发的煽情言辞和"深刻思想"猝不及防，戛然而止。如同一个憋足了劲儿跃跃欲试的斗士突然被闪了腰——情何以堪？

我这样说并非妄言。"夏老师自杀与否其实并不重要"的帖子不是还在网上流传吗？一个人的生命啊，真的"其实并不重要"吗？先前写下那么多"同情"夏老师"悬梁自尽"的文字，现在怎么这么轻飘飘地说"其实并不重要"呢？真如俗话所说"翻脸比翻书还快"！你满肚子话想一吐为快，这和"夏老师自杀"没有必然关系——夏老师自杀不自杀你都非说不可，那你直接说就是了，何必要"绑架"夏老师呢？

是的，教育局对夏老师的处理确实过重了——不，岂止是"过重"，简直就是"过分"了：记过、调离、检讨、承担高达三万元的"医疗费"……犯了错理应接受批评甚至处分，但如此"重罚"是难以服众的。我想到了"文革"时，因为说错一句话而带来灭顶之灾的"寻常事"。我估计这多半是教育局怕家长闹事的"维稳思维"使然。在一些贪官涉案巨款却被轻判的背景下，一个老师因为冲动犯错却被重罚，老师们有情绪，同情夏老师，进而感到愤怒，则是很自然的了。

然而，暂且抛开教育局的处理决定不说，单论体罚这件事本身，确实是不应该的。这本来是没什么讨论余地的问题，可在一些朋友那里也成了"有不同看法""有争议"的话题了，有朋友干脆认为"不准体罚这个说法本身就是错误的"。关于这点，我已经写过很多文章（《让教育惩罚理直气壮》《世界上多数国家都允许学校体罚学生吗？》两篇文章大家可以参看），今天不再详细阐述。这里，我只是简要说说我的看法要点，再次和持这种观点的朋友们探讨——

第一，教育需要惩罚（不仅仅是"惩戒"），没有惩罚的教育是不完整的教育；第二，惩罚不等于体罚，体罚必须坚决反对，无论中国古代或现在少数某些国家的体罚如何"合理""合法"地存在，都支撑不了教育体罚的"正当性"；第三，不要用个别的、极端的"我就感谢小时候老师打我""如果不是老师打我就没有我的今天""越是被老师打过的学生越和老师亲热"等特例，来为体罚辩护；第四，所谓"现在的学生和过去不一样了，根本没法管了"之类的说辞也不是体罚的理由，你从事教育就注定要面对"学生真不好管"这样的难题，这是你报考师范时的自愿选择；第五，近年来学生或学生家长打老师的事时有发生，甚至还有过几个男生暴打其老师的恶劣事件，但类似的"小概率事件"依然不能证明教育体罚"合法"，无论谁的人格尊严和身体安全都应受到法律保护，在这一点上，师生是平等的。

还有朋友把教师不管学生，归咎于"教师不能体罚学生"，说"教师的教育权被剥夺了，手脚被捆住了，没尊严了，于是不敢管学生了"云云。好像所谓"教育权"就只是体罚，或者说体罚是唯一"行之有效"的"教育"。这种认识显然是糊涂的。如果说没有惩罚的教育是不完整的教育，那么只有惩罚的教育也是不完整的教育；而只有体罚的教育则根本就不叫"教育"。不用体罚又要有效地教育、引导和转化后进生，这不只挑战着教师的耐心，也考验着教师的智慧——当然，我这话是对那些热情单纯、不够成熟但愿意成长为优秀老师的年轻教育者说的。

其实，作为有着较长时间专门教后进生班的老教师，我非常理解一些年轻教师有时面对恶劣学生时的无可奈何、欲罢不能和最后的怒不可遏。我也有过这样的经历，年轻时曾一年中连续三次打学生。关于这点，我有空会写一写。所以感同身受，对夏老师以及其他控制不住而"实在忍不住"对学生"出手"的年轻老师非常理解。但理解不等于赞同，无论如何不能打学生，这是底线。各种相关的教育法规都明确规定教师不能体罚学生，因此说到底，体罚学生不是一个道德问题，而是律法问题。

认为"夏老师自杀与否其实并不重要"的人毕竟是少数甚至个别；绝大多数老师在听到"夏老师悬梁自尽"后所表现出来的惋惜、同情甚至愤怒，是真诚的，后来得知这是谣言时，大家都很欣慰，同样真诚地为夏老师的平安而庆幸。这是善良人性的自然情感。在舆论沸沸扬扬的时候，我曾想去离成都不远的茂县看望夏老师，想帮助他缓解些压力，安慰他坚强地面对未来；可终究没有去，因为我不想去打搅他。这里，我衷心祝福夏老师一切安好！

"夏老师悬梁自尽"的谣言，不但损害了夏老师的名誉，而且亵渎了众多老师的真诚情感，已经涉嫌违法，可造谣者却至今没有得到追究。为此，我强烈要求有关部门，彻查造谣者，并追究其法律责任！

2017 年 5 月 21 日

# 只有教师能够赢得教师的光荣

最近，宁波一大妈捡了手机不归还失主，勒索不成竟然将手机摔坏。这事引起公众义愤。其中，部分教师的义愤之火尤烈，因为曾一度有传闻：摔手机者名叫"张利芳"，乃宁波古林镇中学教师。幸好后来古林镇中学公开澄清，但有的老师依然激愤未消："为什么要抹黑教师？"还有人希望我评论此事："李老师可得为教师说句公道话啊！"

这有什么可"评论"的呢？误解就是误解，因为同名，此"张利芳"被说成彼"张利芳"，这种"张冠张戴"的误传，也不是"无中生有"。说清楚就行了（当然，网上依然有人怀疑古林镇中学的澄清，但我觉得还是应该以确凿的事实为准）。类似的误解，各行各业都可能发生。当老师的不必过于脆弱，过于敏感，否则，给人感觉随时都很"心虚"，不够自信。

不久，发生了甘肃庆阳 19 岁女孩跳楼事件，这件事最令人心寒的，是围观者的欢呼，让我们看到了当年鲁迅笔下的看客。我不由感慨：百年看客，丝毫没变。

媒体在追溯女孩轻生原因时，谈到了几年前女孩读中学时，其班主任"吴某某"对她的猥亵。这次不是"误解"了，有公安局、检察院的调查结果，只是因为"情节轻微"而没有给予起诉，只是给予了行政处分。

包括网媒、纸媒在内的舆论都把女孩跳楼的主要甚至是直接原因归于"吴某某"的猥亵。这最能激起公众的义愤，也最符合人们的"期望"，因为大家更愿意相信，女孩之死就是身为"人民教师"的"吴某某"造成的。但据我从其他渠道了解到的情况，女孩轻生的原因绝不是这么单一。当然，毕竟是"道听途说"，这里我也就不想多说了。

但是，即使"吴某某"几年前对女孩的猥亵只是女孩跳楼的原因之一，可他的流氓行径是客观事实，也是不可原谅的。这样的老师当然是个别的，但造成的恶劣影响却不是一个"李芳"为救学生而英勇献身的壮举所能抵消的。

客观地说，在教师队伍中"吴某某"是个别的，"李芳"也绝非多数。因此，抨击"吴某某"之流并不意味着否定了大多数善良敬业的老师；同样，歌颂"李芳"也别想让教师中的害群之马因此有了受谴责的豁免权——"李芳"事迹公布后，有媒体的标题就有这种味道。

我们追求崇高的师德，但谁都不是圣人；教师也有自己的七情六欲，也要面对柴米油盐酱醋茶，也会因为评职称不顺而郁闷，甚至会因教师待遇不公而依法抗争，这都是很正常的。我们不可能随时都有"李芳"的惊天地泣鬼神之壮举——其实就算是"李芳"，在她生前的日常生活和工作中，也是凡人一个，和我们大家一样，我相信面对工作中的困难她也叹息过，甚至可能也发过牢骚，抱怨过几句，但她生活和工作的主流绝不仅仅是牢骚。说点气话，嘀咕那么几句后，依然夹着讲义走进课堂，面对学生便精神抖擞，青春勃发——这应该是我们一线老师的主流和常态吧？

"吴某某"也是教师中个别中的个别，太个案了，太极端了，所以拿他来说"师德沦丧"，完全没有代表性。我实在不想多说了。

但是，这样的老师这样的现象虽然不是多数，却并非个别——缺乏责任感，不认真备课和批改作业，把一切归咎于外在的原因，不爱学生，成天抱怨，业务素质不高却不愿改变自己，喜欢议论是非、挑拨离间，常常用侮辱性的语言伤害学生，当然对"有背景"的孩子例外，特别势利……所有善良正直的老师，应该有勇气正视我们这些不光彩的同类的存在，并欢迎舆论对这些"害群之马"的揭露与谴责。

不要因为出了一个"吴某某"，就以为所有男教师都是禽兽；同样不要因为出了一个"李芳"，便以为所有教师都是圣人，而容不得舆论对教育阴暗现象的揭露。校园就是放大的社会，教师就是 14 亿中国人的缩影。林子大了，什么鸟都有。作为媒体，客观一些；作为教师，从容一些。

其实，能够"抹黑"教师队伍的，只有每一个教师自己；同样能够为人民教师赢得尊严的，也只有我们教师自己。

2018 年 6 月 29 日

# 常识罢了
CHANG SHI BA LE

# 比成绩更重要的是孩子的健康

曾经写过《父母应该给孩子选择怎样的学校？》的短文，文中我建议家长把"孩子能够在半小时之内步行到达学校"作为"择校"的重要标准之一。理由是，选择离家近的学校可以让孩子每天多睡一会儿，以保证身体的健康发育。

但仔细琢磨，我把问题想简单了。孩子能否多睡一会儿，家校距离当然是一个因素，但不是决定因素，决定因素是孩子的学习负担。从理论上说，家离学校近一些，孩子的睡眠时间当然会多一些。但现实情况是，无论离家远近，孩子们普遍都睡眠不足。最近一项调查显示：仅有23.99%的学生可以睡到自然醒，而由闹钟或他人叫醒的学生比例高达76.01%，更严重的，还有29.26%的学生睡眠不到8小时就被叫醒，到六年级这一比例已高达39.5%。（中国教育三十人论坛学术委员会发布的《2018年中小学生减负调查报告》）

所以，中小学生睡眠不足的主要原因首先不在于孩子上学的时间太长，而在于学业负担过重，而"学业负担"主要是作业负担。

这里不讨论更不争论"必要的学习负担是正常的""学习过程本身就应该有一定的负担"等等，我们这里说的是"过重"的作业负担。什么叫"过重"？多数学生因做不完作业而睡眠不足，这样的作业量就"过重"。

学生作业负担过重的原因是什么？

《2018年中小学生减负调查报告》通过大量调查，列出了十大原因：片面的政绩观，阶层流动的压力，恶性的教育和升学竞争，中国人的攀比心理，扭曲的教育价值观，教育科学精神的缺失，学校教育与家庭教育观失调，课业负担是教育质量问题，考试评价制度不科学，政府教育治理失灵。

但更多的普通老百姓则认为主要是高考（中考）制度的不合理。很多人说："高考不改，学生过重的学业负担永远减不下来！"毫无疑问，"唯分数论"的评价制度的确是造成学生过重学业负担的重要原因，但同样的高考制度下，我们依然有学校通过课程的改革、教法的改革，大大减轻了学生过重的学业负担。还有人说："媒体的推波助澜，比如炒作'状元'、报道各种'牛孩牛校'应试成绩以及对各种特长班的宣传，营造了一种令人窒息的应试教育氛围，让学校之间互相竞争，让家长之间互相比拼，从而加重了孩子的应试压力。"这也不能说没有道理，但没有哪个孩子的作业是由杂志社的社长或报纸的主编布置的。

我不否认高考制度和媒体舆论与学生过重的学业负担之间的因果关系——当然，如果再"深刻"一些，还可以从经济发展、文化传统、中国特色等方面找到更深层次的原因。但今天我不打算扯那么远。我不打算就上面所列十大原因一一作分析，甚至连高考制度和社会舆论也不打算多谈，虽然这两个原因是非常重要的，但高考和舆论不是普通的教师和家长能够改变和左右的。我今天只打算分析一下学生课业负担过重的学校原因和家庭原因。

一些学校教育观（包括学生观、成才观、质量观等）的扭曲以及课程设置不合理是学生课业负担过重的学校原因。把升学率看作是唯一的成功标志，"上（高考或中考录取）线才是硬道理"，这成了学校教育质量的唯一标志。当然，这也不能完全怪学校，因为"升学率"也是地方政府的"政绩"。于是为了这个"标志"和"政绩"，不择手段并"全力以赴"，所有的压力都压在了教师身上，最后又压在了学生身上。正如山东省教育厅原副厅长张志勇先生所说："当市、县（市、区）党委政府把教育工作的兴奋点和着力点都放在考试升学这个指挥棒上的时候，教育局长抓教育、中小学校长办教育必然围绕着考试升学需要的课程教学活动来展开。由此，围绕升学考试这个指挥棒运转的残酷的加班加点、重复教育就成为必然。这种片面的教育政绩观驱使下的'制度性加负'，是导致中小学生负担过重的根本原因。"不过，我要补充的是，现在一些装潢门面的"素质教育"，也在加重学生负担。因为在应试教育的负担没有一点减轻的情况下，再布置一些形式主义的花里胡哨的"素质教育作业"，必然加剧孩子本身已经沉重的课业负担。

部分教师的教育观念陈旧、专业素养薄弱和教育智慧缺乏，是学生学业负担过重（主要体现在作业过多）的重要原因。认为知识才是智慧的唯一来源，用统一的分数达标作为所有学生"学好"的标准，只有成绩好——标志便是考上重点高中和重点大学——才是好学生，把童年作为成人的准备而不是独立的、同样应该拥有幸福体验的人生阶段，片面甚至极端地信奉"宝剑锋从磨砺出，梅花香自苦寒来""头悬梁，锥刺股"的"励志"古训……脑子里塞满了这些似是而非的教育观、成才观，你要让这些老师不迷信"知识本位"、放弃"题海战术"那是缘木求鱼。

确有少数老师不但教育观念有问题，而且其专业素养也堪忧：是不是所有老师都有读书的习惯？是不是所有老师都可以称作所在学科领域的高手，因而在学科教学以外还有与自己专业相关的一技之长？比如，教数学的，不妨在课余研究一点数学"猜想"；教物理的，最好同时又是一个科技制作的能工巧匠；教政治的，能不时发表一些经济学小论文；教语文的，可能又是诗人、散文作家或一位楚辞研究者……我不是苛求每一个老师一定得有一两个"业余"的专业爱好，但卓越的专业素养，必然使教师对学生产生一种热爱科学、不断进取的潜移默化的感染教育作用，也使教师本人对学生保持着一种源于科学、源于知识的人格魅力。对这样的教师来说，课堂教学不过是"小菜一碟"，哪还需要"题海战术"？

教师的教育智慧越丰富、教学技能越精湛，其学生的负担自然相对越轻，这是不需要"论证"的常识。比如教师"因材施教"或"分层教学"的智慧，比如教师精选试题的眼光，比如对教材"厚书读薄"的输入（自己的大脑）以及"深入浅出"的输出（给学生的大脑），比如指导学生

"举一反三"的技能……我女儿小学数学成绩很差，但进入初中后遇到一位非常优秀的王姓数学教师，王老师的特点就是作业少。他经常给学生说的话就是："做那么多题干什么？题哪里做得完？你们只需要把我布置的题做完就好了！"他布置的题少而精，我女儿的负担真的不重，但她的数学成绩却突飞猛进，她说："进了初中，王老师教数学，我的数学才有了质的飞跃！"不光是我女儿，她班的数学成绩在全年级一直都是名列前茅。为什么王老师能够做到事半功倍？就是因为他有着丰富的教育智慧和高超的教学艺术。就教学而言，教师越聪明，学生越轻松。这是绝对的。

不少人在谈学生学业负担过重的时候，往往把批评的矛头只指向学校指向教师——一些教师当然是造成学生学业负担过重的一个原因，这点我刚才说了，但板子决不能只打在教师身上。从某种意义上说，家庭对孩子施加的学习压力更甚于学校。

这种情况并不少见：学校给学生减少了作业，反对者首先是家长，有家长甚至认为老师布置作业少了是"不负责任"的表现；教育行政部门强行规定学校不能周末补课，但许多家长却在双休日把孩子送进社会上的各种补习班，让孩子根本没有喘息的时候。畸形的育儿观、期望值过高、盲目跟风攀比……是家长自觉不自觉给孩子施加过重学习压力（自然表现为过重的学习负担）的重要原因。把孩子的学习成绩视为成长的全部内容，因此只看分数而忽略体格的健康和人格的健全——甚至不惜以后者的损害或丧失为代价而获取前者，认为孩子的尊严、成功与幸福，都更多地体现于考试高分和一张张竞赛获奖证书……这些糊涂的认识都是家长不断给孩子提出"高标准严要求"的"正当理由"，孩子自然越来越累。

本来，孩子的性格、禀赋乃至天资都是有差别的，可几乎每一个家长都把自己的孩子看成"神童""天才"，都必须上北大或清华，将来成为"人上人"，不这样便是"失败者"；对自己孩子的特点没有科学的分析判断，而寄予不切实际的期望，在行动上必然层层加码：学钢琴、学国画、学书法、学舞蹈、学跆拳道……在这种情况下，做作业时间被一再挤压，就算作业再少，"负担"也很重。孩子哪受得了？现在整个社会都很浮躁，许多家长都随时处在焦虑状态。为什么"焦虑"？因为看到亲戚家的孩子考上哈佛了，看到邻居家的孩子夺得奥赛金牌了，看到办公室同事的孩子报了好几个特长班……于是便恐慌不已，便焦灼不安，便有一种"只争朝夕"的紧迫感，感觉自己的孩子已经"输在起跑线上"了，家长有了这种焦虑，必然在学习上给孩子层层加码，孩子的负担焉能不重？

在许多家长看来，孩子的"成长路线图"就是读名牌小学、上名牌中学、考名牌大学，而每一个门槛，都意味着比同龄人少休息多做题，少玩耍多参赛，不然将来怎么"出人头地"成为"人上人"？而这便意味着更重的学业负担。可家长总是跟孩子说："现在吃点苦，长大了就幸福了！"殊不知，孩子没有幸福的童年，哪有幸福的将来？

学生课业负担过重的原因找到了，如何解决这个问题自然就有方向了。我们期待着高考（中考）制度更科学，我们期待着社会舆论更宽松，但无论作为教师还是家长，我们更应该也可以从自己做起，为切切实实给孩子"减负"而点点滴滴地改进我们的行为。

学校应该切实把喊了20多年的"素质教育"落实在行动上，把学校墙上的那么多"为了一切孩子""全面发展"之类的口号变成实实在在的课程内容和课堂行为。课程的设置必须由一切为了应试成绩向一切为了学生的一生发展转变，在课堂模式、教学方式以及学生评价方面真正面对每一个具体的孩子，让"尊重个性""因材施教"成为每一个教师的自觉。

学校老师应该真正有一颗理解儿童的心，或者干脆说，应该拥有孩子一般的心灵。苏霍姆林斯基说，一个优秀的老师，时刻都不忘记自己曾经是个孩子。我认为教师的爱心和人道主义情怀就应该体现在这里。要多从儿童的角度打量一下我们的每堂课以及布置的每一道作业题。我们能不能把更多的精力由研究教师"如何教"到琢磨学生"如何学"？能不能把"教"的过程真正变成"学"的过程，让学生真正充满兴趣地主动学习？学生有了"兴趣"而且"主动"，就算有时候作业量稍微多一些，孩子的效率提高了，负担自然会得到减轻。

其实，负担的轻与重也是因人而异的。同样完成五道题，对一些孩子来说易如反掌，而对另一些孩子来说则意味着"又要熬夜了"。所以教师还要在作业布置上摒弃"一刀切"的做法，应该根据不同学习基础的学生布置难度和数量都有梯度的作业，让每一个孩子都能根据自己的情况有效地完成作业。对于个别特殊学生，甚至应该允许他不完成作业。教师完全可以告诉孩子："如果你觉得太难了，实在不能完成，可以不做，第二天给老师说明一下。"这就是教师的良知，这就是教育的人性，这就是作业的温度。

学生家长应该把一个问题想透：对孩子来说，最重要是什么？不就是健康吗？当孩子刚刚出生，面对孩子没睁开的眼睛和嫩嫩的小脸蛋，年轻的爸爸妈妈一定在心里发誓：孩子，我一定要让你一生健康和幸福——注意，"健康"在"幸福"的前面，因为没有"健康"就谈不上"幸福"！可是从什么时候开始，我们忘记了自己的初心，而成了应试教育的助纣为虐者？

孩子成绩优，身体棒，当然最好不过，但有时候不可得兼，非要你二选一，你选什么？难道你放弃孩子的健康，而选择分数？不要老把自己的孩子想象成天才，不要老把孩子同"高考状元"比，要承认人与人之间是有差距的。承认自己的孩子在某些方面不如别人，有什么不可以呢？因为你的孩子在某些方面不如别人的同时，在有些方面又远远超出别人呢！只不过不一定是在分数上。就以考大学而论，考上名校与读普通大学的人生差距并不如你想象的那么悬殊。林森浩考上复旦不也成了杀人犯吗？马云只考上专科不同样成为人生的赢家吗？这两个人当然是极端的例子，但至少说明所谓"起跑线"上的成绩的确不是我们想象的那么至关重要。

家长的心态从容一些，孩子的负担就减轻一些。否则，孩子不顾一切考了个第一名，可身体搞差了，这个"第一名"拿来何用？

作为一个从业 30 多年的教育工作者，我当然盼望对整个国家的教育评价（包括中考高考制度）的根本改革，这是减轻学生过重课业负担的关键。但这需要一个过程，在这一步没有到位之前，作为学校和家庭或多或少是可以有些作为的。做总比不做好。

今年秋天，教育部发布的一则消息在网上获得好评：自 2018 年 9 月开学起，中小学生的上学时间不得早于 8:00，而上课的时间则不得早于8:30。其实，早在二月份，浙江和黑龙江就已经实施推迟小学生上学时间的政策。之后，全国一些城市的一些学校也做了试点。我希望，这种对孩子充满温馨关怀的规定能够尽快在全国得到普及，而不仅仅是"试点"。想起多年来，孩子们天不见亮就出门，在寒风中前往学校赶 7:30 甚至更早的早自习、升旗仪式，多让人心疼啊！

健康比分数更可贵，幸福比优秀更重要。这应该成为教师和家长乃至学生的共识。

2018 年 12 月 19 日于双流机场候机室

# 新教育必须遵守教育本身的底线

今年我荣幸地被任命为全国新教育研究院院长，因此除了操心自己的日常工作，我还要思考全国的新教育实验。关于新教育实验，我已经写过不少文章。我想，"新教育实验"（简称"新教育"）作为一种有特定内涵的素质教育路径（行为），并不排他。也就是说，一切科学的教育思想和教育方式，新教育都可以容纳吸收。何况，新教育作为教育的一种形态，本身也应该遵守教育的起码规则——我把这种"起码规则"称作"底线"。

今天之所以想到这一点，是因为最近我听说了一些让我不安的现象。比如，据说——虽然还只是"据说"并没有核实，但作为一种提醒还是写出来——在个别新教育实验学校，有个别教师连教学常规都不好好做，还有的教师违规乱收费，等等。当然，这些现象也许不是出现在新教育实验学校，不过即使是，我也不感到意外，因为3000多所新教育实验学校并不是每一所都做得很好的，个别学校存在一些违规现象也不奇怪。所以，我今天要特别强调，无论是否做新教育，任何学校、任何教师都至少应该遵守教育的底线，而新教育实验学校更是必须遵守这些底线。

这些"底线"有哪些呢？我至少想到五点——

第一，不敷衍塞责。爱岗敬业，尽职尽责，这是每一位教育从业者最起码的职业规范。认认真真地备课，认认真真地上课，认认真真地批改作业，认认真真地带好每一个班，认认真真地做好每一个教育细节……这是做教师的本分，和学校搞不搞新教育没关系，但如果在新教育实验学校，这些应该做得更好。如果连教育教学常规都做不好，那什么"教育"都谈不上。

第二，不弄虚作假。我多次说过，新教育首先是真教育，必然与弄虚作假势不两立。谁也没强迫你做新教育，任何新教育人都是自愿者，不想做，不做就是了，但不要假做。做一分就说做了一分，而不要说成做了两分；虽然不如"十分"那么夺人眼球，但这"一分"是真的。我希望，为了迎接检查而浮夸作秀的那一套，不要在新教育实验学校出现。弄虚作假只会败坏新教育的声誉。

第三，不体罚学生。在我看来，不体罚学生——当然还包括伤害人格，是现代教育的题中应有之义，没想到这个话题现在居然有"争议"了。为什么不能体罚学生？"惩戒"行不行？如何"惩戒"？这些话题我已经写过多篇文章，在此不再多说。今天我想强调的是，不管有多少老师赞成"体罚"，新教育实验学校决不能有体罚学生、侮辱学生、损害学生自尊心的现象出现。

第四，不强迫师生。现在许多教育之所以是"假教育"，就是因为不是师生的自觉，而是为了应付上面而不得不"假装积极""假装认真"。教育是一种心灵的感染，也是一种唤醒。真正的教育是自我教育，也就是说，只有在内心被唤醒后，教育行为才真正有效。新教育是寻找一群"尺码"相同的人自愿同行。校长可以动员，可以激励，但不可强迫任何人。否则，新教育就容易成为"假教育"。

第五，不非法牟利。教育从本质上说，就是一种公益。而"公益情怀"正是新教育的四大精神之一。因此，新教育实验没有"课题费"，没有"实验管理费"一说，也没有强行摊派各种"新教育产品"。即使是我们开发的《新教育晨诵》《新生命教育》读本，也全是各学校自愿购买。新教育自己的报刊，决不有偿发表文章。如果有人以"新教育实验"的名义收费或摊派，都是新教育所不能容忍的。

做教育，就是做人，就是做良知。如果说，现在假教育太多，一切善良的教育者都呼唤教育的回归，那么，让教育恢复尊严，我们就从新教育实验开始吧！

敬请监督。

2017 年 5 月 3 日

## 新教育所做的一切努力，
## 就是最终消灭"新教育"这个概念


关于"新教育"这个名称，让一些不了解新教育及其背景的朋友反感："动辄就标榜自己'新'，难道其他教育都是'旧'的？"曾有一个和我非常要好的朋友当面对我说："你多次撰文批评教育上的提口号、贴标签的做法，可你同时却堕入了另一个口号和标签：新教育！"其实，如果我是新教育局外人，是第一次知道这个概念，以我的性格我也会反感的。但是，望文生义往往让我们的思维走向简单化和极端化。

由著名学者朱永新教授发起和全国三百万师生参与的"新教育实验"正风起云涌。"新教育实验"为了表述方便，通常简称"新教育"。正是这三个字，往往引起不了解"新教育"的人的误解：你的是"新教育"，我们搞的就是"旧教育"了？你究竟"新"在何处？

其实"新教育"并不"新"——真的，它一点儿都不"新"。

如果追根溯源，"新教育"算是舶来品。作为一项教育改革运动，"新教育"最初发端于 19 世纪末至 20 世纪初的欧洲。这是一场资产阶级教育改革运动，其主要内容是建立与旧式的传统学校在教育目的、内容、方法上完全不同的新学校，因此也称"新学校运动"。这场"新教育（学校）运动"影响整个世界，成了美国进步主义思潮的一个起点，并且对中国 20 世纪初的教育改革产生了重要影响。我们耳熟能详的许多伟大学校，如尼尔的夏山学校、小林宗作的巴学园、杜威的芝加哥实验学校等，以及近百年来教育史上许多著名教育家，从罗素到沛西·能，从蒙台梭利、皮亚杰，到怀特海、杜威，再到陶行知、陈鹤琴等等，也都深受新教育思潮的影响。最早把"新教育"引入中国的是陶行知、蔡元培和陈鹤琴等老一代教育家。

当代中国的"新教育"，与历史上的"新教育"之间有一些共同的特性：都旨在对现实的教育进行反思、批判和重构，都主张尊重儿童的个性与自由，都试图对当下的教育和社会进行创新和改良，都是民间草根的自发行动，等等。从这个意义上看，今天的"新教育"是历史上"新教育"的一段新的"链接"和"延续"。哪里有什么"新"呢？

而且，从"新教育实验"所倡导的理念来看，也了无"新"意："营造书香校园"新吗？"为了一切的人，为了人的一切"新吗？"尊重学生的个性"新吗？"无限相信教师和学生的潜力"新吗？……都不新，都是中外教育家说过的。因此，"新教育"的理念其实并不新，它是古今中外经过无数教育家们倡导过甚至实践过的真理，所以从这个意义上说，"新教育实验"的理念已经不需要"实验"，只是因为从国家级课题管理的角度，它被叫作"实验"罢了。

因此，新教育人认为，就教育理念而言，关于"新教育"之"新"，并不是前所未有的"横空出世"，而是归真返朴和与时俱进。也就是说，今天所进行的"新教育实验"，是让教育回到起点，将过去无数教育家所憧憬的教育理想变成现实；但也不完全是一成不变地"复古"，而是根据当今时代的需要将有关理念赋予了新的含义并有了一些新的做法。

朱永新老师说："当一些理念渐被遗忘，复又提起的时候，它就是新的；当一些理念只被人说，今被人做的时候，它就是新的；当一些理念由模糊走向清晰，由贫乏走向丰富的时候，它就是新的；当一些理念由旧时的背景运用到现在的背景去继承，去发扬，去创新的时候，它就是新的……"

现在如果有人穿旗袍，我们会说"哟，你今天穿了一件新款式的衣服"，可实际上旗袍在中国古已有之，只是多年没人穿了，今天有人根据当下审美观进行了创造性加工，一穿出来便成了"新"的。同样，读书有益于人的成长，这个理念新吗？当然不新，但许多人不做，而我们做起来了，而且拓展了更丰富的阅读内容和方式，这就是"新"！

因此，今天的"新教育实验"不是把过去的完全推翻而创造新的，而是在继承优秀传统的基础上，剔除糟粕，取其精华，创造更符合时代的教育。简单来说，"新教育"之"新"，不是"除旧更新"之"新"，而是"推陈出新"之"新"。

由此可见，"新教育"这个概念不是我们的"首创"，其源头可以追溯到 19 世纪的欧洲，哪怕不说欧洲，中国新教育的先驱也不是朱永新，而是陶行知。陶行知专门写过一篇类似于宣言的文章，题目就叫《新教育》。

陶行知所倡导的"新教育"和今天我们的"新教育"当然有不同时代的不同内涵，但有一点是共同的，都是针对特定时代的教育弊端而进行的改革。特别要说明的是，这里的"改革"不一定都是"前所未有"的"创新"，也可能是"优秀传统"的"回归"。因此，所谓"新旧"并非指"时间"的后先，而是指"内容"与"方式"的优劣。一切符合教育科学，符合人性发展，符合时代发展的教育内容和方式，哪怕是"古已有之"，都是"新"的！否则，如果是反教育的反人性的反时代的，就算再"时髦"，都是"旧"的！

我已经一万次声明过，今天，我还想再次重申：从教育本质上讲，"新教育"确实一点都不"新"，因为新教育所倡导并践行的一切，都是教育本身该做的。

好，有人也许会问了："那你们为什么要用'新教育'这个概念呢？"我想到了几年前我和美国著名小学教师雷夫在一次论坛上的交流。当时主持人要我用雷夫能听懂的话给他解释一下什么叫素质教育。

我是这样对雷夫也对台下听众说的："这个问题我有一个非常简洁朴素的解答，素质教育，就是——教育！"我停了几秒钟，接着说："也许雷夫你更糊涂了，既然是'教育'，为什么要在前面加上'素质'二字呢？我打个比方吧，本来雷夫就是你，"我对雷夫说，"但是后来很多人都说他是'雷夫'，而那些雷夫其实都是假雷夫，为了把你和那些假雷夫区别开来，我们就把你叫作'真雷夫'。如果有人要问我，'真雷夫'是谁呀？我会说，真雷夫就是雷夫！"

下面的老师们笑了起来。我继续说："我们现在所说的素质教育的内容，什么全面发展呀，什么生动活泼呀，什么把人当人呀，什么培养创造啊，等等，这不就是教育本来的内容吗？不就是教育的题中应有之义吗？教育本身不就是提高人的素质的吗？从孔夫子的'六艺'，到现在的'德智体美劳'，不就是素质要求吗？有谁说过教育不以人为本呢？有谁说过教育应该畸形发展呢？但由于种种原因，我们的教育却越来越远离当初的起点，越来越违背当初的含义，教育越来越假，越来越无视学生的素质，于是为了强调教育的本质，我们便提出了'素质教育'这个概念。就像糖本来应该是甜的，但居然有许多假冒伪劣的糖就是不甜，于是我们去商店买糖的时候，就跟营业员强调，我要买'甜糖'，同样，我们可能还会去买'酸醋'，去买'咸盐'！成都火锅很有名，但假冒成都火锅的也不少，于是有人开成都火锅时，便特意在招牌上写明'正宗成都火锅'。因此，'素质教育'这个概念完全是多余的，但现在不得不出现这个词，这是中国教育的悲哀！"

是的，至今我依然认为，"素质教育"是一个无奈的概念——多余，但目前还不得不用。不只"素质教育"是无奈的概念，当今中国一切有定语的教育，比如"成功教育""赏识教育""愉快教育""情境教育"……前面的定语都是多余的——难道真正的教育不包含"成功"，不需要"赏识"，不让人"愉快"，可以脱离"情境"吗？但当我们目前的"教育"没有了"成功""赏识""愉快""情境"的时候，当我们本来应该饱满丰盈的教育只剩下两个字——"做题"的时候……这些定语又是必需的，这些定语至少提醒我们不要忘记教育本来应该有的样子。

当然还包括"新教育"。新教育的宗旨是让师生过一种幸福完整的教育生活，这本来也是教育应该有的，但现在的教育让人既不"完整"也不"幸福"；新教育的十大行动，都不是我们外加给教育的，而是教育本来就应该有的，但现在的教育却失去了这些丰富内容……于是，我们以"新教育"的名义重申教育的本质，并用实践尽可能恢复教育朴素的面目，有什么不可以呢？

从某种意义上说，"新教育"并没有给教育增加多少东西，我们所做的一切，就是教育本来应该做的。新教育所做的一切努力，就是最终消灭"新教育"这个概念——如果有一天，中国大地不再有"新教育"，也不再有这个"教育"那个"教育"，所有教育的定语都消失了，只剩下"教育"，那么，中国教育最发达最先进最强盛的时代便降临了。

2017 年 5 月 4 日

## 学校明明就是读书的地方，
## 为什么还要"营造书香校园"？

好多说法大家习以为常，却没有意识到其荒唐。比如"营造书香校园"。

这个说法不知是从什么时候开始的，至少有20年了吧！到学校去看看，"营造书香校园"写在很多学校的墙上，不只是"写在墙上"，还有声势浩大的行动：开发教材、组织活动、展开奖励，还有各种关于"营造书香校园"的征文比赛、演讲比赛，包括各级媒体评比"年度推动读书人物"等。新教育实验把"营造书香校园"列为其"十大行动"之首。

仔细一想，不对呀！学校明明就是读书的地方嘛，为什么还要"营造书香校园"？难道还有区别于"书香校园"的其他什么"校园"吗？如果没有书香，校园还叫"校园"吗？

试想一下，如果某餐馆提出"要营造浓浓的吃饭氛围"并大力倡导"营造饭香餐馆"，如果某服装店提出"要营造浓浓的穿衣氛围"并大力倡导"营造衣裤服装店"，如果某医院提出"要营造浓浓的医疗氛围"并大力倡导"营造药香医院"……我们是不是觉得特别滑稽搞笑？可"营造书香校园"为什么能那么庄严地呈现在我们生活中呢？

别误会，我这篇短文并不是嘲讽更不想否定"营造书香校园"，因为凡是认真"营造书香校园"的学校，都取得了实实在在的成就。千千万万的孩子和老师，因为"营造书香校园"的活动而爱上了读书，并获得了成长。

但这些"成就"和"成长"，是基于一个不正常的前提——我们的教育已经扭曲，我们的学校已经畸形。所谓"扭曲"和"畸形"，就是我们许多学校只有应试，没有阅读！这里的"阅读"，当然指的是阅读丰富多彩的人文与科学读物，而不仅仅是教材、教辅和习题集；但我们现在的学校为了"应试"恰恰更多的是"阅读"后者。于是，"有知识没文化""有文凭没人品"等"绝对的精致的利己主义者"的出现，便是很"自然"很"正常"的事了。

岂止是孩子不读书？请"苦口婆心"劝孩子"读书呀读书"的家长扪心自问："我"读书吗？又岂止是家长不读书？我曾经说过，中国教育的最大问题之一，便是教书人不读书。教师，过去还有一个称呼叫"读书人"，但现在"读书人"中不读书的恐怕不是个别。我常常在讲学时，面对几百上千的老师作调查："请有书房的老师举手！"结果举手者寥寥无几，从来没有超过 10 位。而这样不读书的"读书人"却担负着教书育人的使命，想起来真是可怕！

前不久，一名旅居上海的印度工程师孟莎美的一篇文章红遍网络。文章这样写道——

我在飞往上海的飞机上。正是长途飞行中的睡眠时间，机舱已熄灯，我吃惊地发现，不睡觉玩 iPad 的，基本上都是中国人，而且他们基本上都是在打游戏或看电影，没见有人读电子书。

这一幕情景一直停留在我的脑海里。其实早在法兰克福机场候机时，我就注意到，德国乘客大部分是在安静地阅读或工作。中国乘客大部分人要么在穿梭购物，要么在大声谈笑和比较价格。

这篇文章的题目是《令人忧虑：不阅读的中国人》。看到这个题目我有些难受："不阅读的中国人"，让连不少中国人看不起的印度人都感到"忧虑"了，不知我们中国人自己是否感到了"忧虑"！

该文还引用了一组数据："据媒体报道，中国人年均读书 0.7 本，与韩国的人均 7 本，日本的 40 本，俄罗斯的 55 本相比，中国人的阅读量少得可怜。"说实话，这几个数字不一定准确，因为我还读到其他资料，相关数字是有出入的，但无论有着怎样的"出入"，都不影响"中国人的阅读量少得可怜"这个结论。

正是在这个"令人忧虑"的大背景下，包括新教育人在内的许多有识之士提出并践行"营造书香校园"，便显示出了极为可贵的价值。虽是荒唐的，却是无奈的，更是必需的——面对"全民不阅读"（年均读书 0.7本，肯定是"全民不阅读"）的现状，如果还不采取一些措施——包括大力倡导（甚至通过行政力量强行推动）"营造书香校园"，中华民族的前途真的堪忧！

类似于"营造书香校园"这样"滑稽、无奈却必需"的现象还有很多，比如"道德楷模""感动中国人物"等的评选。仔细一想，好多"模范"都不过是做了其职业要求做到的，或者尽到了做人的良知：爱岗敬业啊，孝敬父母啊，诚实守信啊，等等。我们歌颂一位老师，不是因为他教学精湛，而是不收家长红包；我们赞美一位卖油条的师傅，不是因为他的油条特别可口，而是他不用地沟油！记得有一年电视台推出一个"最美人物"，其"感天动地"的事迹是他作为一个工头，赶在年终前将农民工所有的工资付清，没有拖欠一分钱。

我看了这些新闻，唯有苦笑。但是，当的确有老师收家长红包，的确有师傅炸油条用地沟油，的确有工头拖欠民工工资时，这些"歌颂"和"赞美"便有了不可低估的积极意义。

什么时候，我们的媒体不再有这样的评比这样的新闻时，我们的国家便真正成了文明国家。同样，当人人以读书为习惯，如呼吸一样自然，不需要任何"推动阅读人物"、不需要再"营造书香校园"时，教育便回归到教育的起点，学校便恢复了学校的本色。

2018 年 4 月 14 日

# 学生安全责任，谁说了算？

——我建议交给法律，交给"第三方"

一

学生中出现了安全事件（或"事故"），该谁负责由谁说了算？

按理说，应该由法律说了算，而不应该由教育局说了算，否则这是"人治"而非"法治"。但在目前法治建设还有待完善的情况下，同样是"人治"，我们自然希望遇到的这个"人"是包青天。这是退而求其次的愿望。

但我刚才说了，出了安全事故家长和学校谁该负责，应该由法律说了算。问题是，现在我们有这样的法律吗？

这就是我今天要说的重点。

二

先扯远一些，说说国外吧！

今年我有幸两次应安徒生国际幼儿师范学院的邀请前往丹麦学习考察，也了解了一下丹麦学校是如何面对学生的安全问题的。

我在考察斯莱特学校时和该校副校长以及部分老师座谈，我问："如果孩子在学校发生了安全事故，比如摔伤了，家长会有怎样的态度？"

副校长说:"我就是体育老师,首先我会保证所有的运动环境、体育设施都是安全的,但作为老师我从来没有考虑过来自家长的压力。我从来没有过这方面的顾虑。学生家长之所以选择这所学校,就知道这里的老师是称职的,知道老师不会违反常识常理让孩子去冒风险,就是说,家长对这个学校的老师充满信任。"

一位女教师补充回答说:"有一次有一个学生上课,不小心手被玻璃划伤了,我给孩子做了包扎,给他妈妈打电话说了这事,他妈妈来都不来,说老师处理好了就可以了。其实,要说压力,我也不是没有压力,但这压力来自我们要做饭,有时候要动剪子动刀子,这里面都有潜在的危险,所以我也紧张。但我们的担心是出自对孩子本身出现意外伤害的担心,而不是来自对家长压力的担心。"

丹麦老师生活在一个老师和学生家长彼此充分信任的社会里,他们的职业幸福指数当然高。

## 三

也许有人说:"丹麦的文化传统和我们不一样,不好比的。"

那我就说说同属中华文化的台湾省吧!

2014 年春天,我去了台湾。在台北奎山中学,发现他们学校的学生是可以爬树的,校园里所有的树,孩子们都是可以爬的。我很吃惊,问校长:"为什么要允许孩子爬树呢?"

他反问我:"难道爬树不是孩子的天性吗?"

我问:"孩子摔着了怎么办?"

他回答很干脆:"摔着了爬起来就是了嘛!"

我以大陆教师的眼光看校园,发现了许多"安全隐患",比如他们的一些教室窗外放着小木梯,供喜欢翻窗的孩子翻进教室;又比如他们一幢教学楼有旋转滑梯,孩子们下课后可直接从旋转滑梯滑到操场……

我问校长:"出了安全事故怎么办?"

他说:"我们学校建于 1963 年,50 多年来,从来没有出现过因滑梯而导致的安全事故。孩子的自我保护意识和能力比我们想象的要强。"他又补充了一句:"就算是出现了孩子因滑梯摔伤的情况,我们也不可能拆除这个滑梯,因为孩子的成长需要这样的滑梯。"

我明白了,"出事"是偶然的,但孩子成长过程中应有的体能训练和意志锻炼以及应该获得的童趣享受,则是必然的,也是必需的。

我只是感到悲哀——同样是中国教师,为什么大陆的教师就当得那么战战兢兢呢?

四

因为现在学校面临的尴尬,或者说老师所遭遇的不公正,就在于一些(不是大多数,但绝非个别)家长把自己该负的责任一股脑儿全推给了学校和老师。

当然,实事求是地说,大多数学生家长对孩子的安全教育和监护还是很重视的,毕竟孩子是自己的心头肉,怎么能不格外心疼因而细心呵护呢?可是,也应该看到,确有一些学生家长对孩子太不负责任,他们把孩子的一切都推给学校,不管孩子出了什么问题,反正都是老师的事。

固然,学校教育和家庭教育的确不可截然分开,孩子的品质培养、能力提升既是老师的事也是家长的事,但老师对于孩子在家的表现——自觉学习、勤做家务、尊敬长辈等等,只能利用在校时间进行一些相关教育,而不能也没法监控孩子在家的一举一动——老师也没这个义务。孩子在家的安全,更不是老师的责任——老师如果在学校对学生进行了相关的安全教育,包括放学或放假前提醒学生回家路上以及在家的安全注意事项,那他就已经尽到自己的责任了。而学生离开学校后,在节假日期间发生的任何安全事故,只能由其"第一监护人"家长负责。

五

当然,也不能说所有的家长都是无理取闹,有时候的确是学校的责任。问题是，究竟是学校的责任还是家长的责任，谁来认定？

本来遇到这样的事故，理性正确的做法是，要么调节协商，要么司法解决。学校教育和家庭教育当然需要配合，但老师和家长谁该做什么谁不该做什么，必须有一个明确的界线，教育理念要达成统一，教育原则要共同遵守，但家长不应该对学校教育说三道四（通过合法的民主渠道和程序参与学校管理，是另外一回事），老师也没有义务管到学生回家后的吃喝拉撒，包括用电安全、防止中毒之类。

当然，要做到这一点，光靠学校和家庭（老师和学生家长）口头约定是远远不够的，必须靠法律来保证。所以，我一直希望国家能够制定《中小学校园安全工作法》，明确学校安全工作范围以及相应的法律责任及相关安全事故的认定和处理办法。

正如我本文开头所说，究竟该谁负责，最终应该由法律说了算。

但我们现在恰恰缺乏相关的法律。为此，我强烈建议——明确制定相关法律法规；同时应该成立一个相对比较超脱于学校和家庭各自利益的校园安全事故处理机构。

如果这样，一旦学生出现安全问题，学校不用担心学生家长扯皮，家长也不用到教育局"上访"。大家都听法律的，该谁的责任就是谁的责任。依法治校，就从这里开始。

## 六

除此之外，我还建议建立国家财政保障机制，将校园的所有意外安全事件的计费开支包括相关赔偿纳入国家财政管理。也就是说，只要学生在学校出现了非学校责任而导致的意外安全事故，相关的所有费用一律由国家买单。

在和丹麦老师聊学生校园安全时，老师们还说到，他们之所以没有压力，和社会保障体系很完善有关，因为一旦学生出了事，住院、开刀、接腿，都有相关的机构出钱。

我觉得这点也很重要。家长和学校因孩子安全责任产生纠纷，很多时候就是由于经济原因，这虽然不能说是唯一的原因，但的确是一个重要原因。如果国家像对待重大自然灾难一样对待学校意外安全事件，予以强有力的财政保障，很多"纠纷"将不会发生。

每一次因为校园安全事件乃至事故造成的伤亡，都是令人痛惜的。毕竟人的生命只有一次。所以，厘清责任、汲取教训不但应该，而且必须。毕竟健康和生命不能白白失去。问题是，离开了法律"扯皮"，谁都说不清；都站在自己的角度，更是说不清。

所以最好的办法是——交给法律，交给第三方。

2018 年 12 月 22 日

# 无数劳动者这种互相的"谢谢"，便是我们社会的温暖

—— 从机舱里空姐的一个细节说开去

　　几天前，我在飞机上准备去洗手间，走到洗手间门口看到一位空姐正背朝外、脸朝里地蹲着，我仔细一看，她正在用细嫩的手指捡拾马桶周围和地面上沾着黄色污渍的卫生纸……虽然我知道这是她的工作，但我还被她的敬业所感动。

　　说实话，平时我们看到的空姐都是整洁美丽的，很少有人会想到她们有时候还会蹲在洗手间里收拾脏污的东西。她们的劳动换来我们乘坐飞机的舒适。所有劳动者都应该受到我们的尊重。

　　但她们受到了应有的尊重了吗？

　　我想到每次出机舱门，美丽的空姐总是站在舱门前，面带微笑，对鱼贯而出的每一位乘客柔声说："再见！慢走！""再见！慢走！""再见！慢走！"……说的时候还伴以点头和鞠躬。每当这时，我总会回礼："谢谢！"

　　但我发现，像我一样给空姐回一声"谢谢"的乘客很少，有时甚至几乎没有。对那些乘客来说，一声声"再见，慢走"不存在，面带微笑恭敬站立的空姐也不存在。每次看到这情景，我都很难受，觉得好像是我对不起那些美丽的空姐们。

　　在这里我一点都没标榜我多么"有礼貌"的意思。我给空姐回一声"谢谢"，也并非因为我多么多么"有教养"，而是我不好意思不回礼——面对扑面而来的温柔告别之声，我怎么能面无表情、昂首挺胸地从一张张

美丽的笑脸旁走过？

作为教师，很自然地想到了教育：这些乘客大都是有文化的——准确地说，大多应该有大学以上文凭，小学时老师就教过"对人要有礼貌"，可他们怎么不给空姐回个礼呢？尽管现在坐飞机已经不是什么稀罕事儿了，但目前能够坐上飞机的，一般还是比较"体面"的人——所谓"体面"不只是有钱，而且还显得很有"素质"，都是"有文化"的人嘛！但我从这些"有文化"的人身上，却看到他们其实素质是很低的——连他们可能看不起的普通劳动者都不如。

不对，我用"连……都不如……"这样的句式，很不妥。这样说似乎意味着，够坐飞机的人的素质理所当然地比现在还坐不起飞机的广大普通劳动者高。其实不尽然，龙应台在《文化是什么》一文中写道——

小时候我住在台湾农村，当邻家孩子送来一篮自家树种出的枣子时，母亲会将枣子收下，然后一定在那竹篮里放回一点东西，几颗芒果、一把蔬菜。家里什么都没有时，她一定将篮子填满白米，让邻家孩子带回。问她为什么，她说："不能让送礼的人空手走开。"

农村的人或许不知道仲尼曾经说过"尔爱其羊，吾爱其礼"，但是他可以举手投足之间，无处不是"礼"。

可见，"礼"和财富多少、文凭高低没有必然联系，虽然古人说"仓廪实而知礼节，衣食足而知荣辱"，可我的生活阅历总是告诉我：未必。

有一种似乎被大家认同的说法流传已久："中国是个人情社会。"意思是中国人之间特别讲人情。但我一直不以为然，因为太多的事实告诉我，中国人往往只在亲人之间、友人之间、熟人之间讲人情，而陌生人之间真的是冷若冰霜——

早晨在小区电梯里，你给身旁拥挤着的邻居打招呼了吗？走进学校，你向门卫师傅问好了吗？开车出车库，你给开门的物管保安说"谢谢"了吗？走进洗手间，面对刚刚清扫完毕的保洁工人，你说"谢谢"了吗？面对递给你修好的鞋的师傅，你说"谢谢"了吗？理发师傅给你理完发，你说"谢谢"了吗？面对汗流浃背的送水工，你说"谢谢"了吗？面对气喘吁吁送快递的小伙子，你说"谢谢"了吗？傍晚路边，你给为你手机贴膜的大男孩说"谢谢"了吗？……

　　每天傍晚，我都会看到楼下街边有一位三十多岁的妇女（我至今不知道她叫什么名字）推着小车卖冰粉。我又特别喜欢吃冰粉，因此几乎每天都去买。有时候她老公来帮忙，两个儿子也来帮忙。我问她儿子读几年级，她说一个读初一，一个读初三。一位母亲为两个儿子的未来辛劳，一下子让我更加肃然起敬。今天碰见她，我给她打招呼。她有些惋惜地说："天气凉快了，吃冰粉的人少了。"我说："我一年四季都吃凉的，只要你每天卖冰粉，我天天都来买！"她说："我会每天都卖的！"我拿出手机问她："可以给你拍张照片吗？我在微信上给你宣传宣传。"她不停地说："谢谢！谢谢！"我说："我要感谢你，是你让我每天都能吃上冰粉！"她感谢我，是因为我为她做广告；我感谢她，是因为她这么辛苦地为过往的行人提供这么好吃的冰粉。

　　不要说她是为了"挣钱养家"，卖给我好吃的冰粉是"应该的"。人与人之间本来就是互相服务的，理应互相尊重。除了金钱与物质（比如说我用钱买她的冰粉），还应该有超越物质与金钱的东西。无数劳动者这种互相的"谢谢"，便是我们社会的温暖。

2017 年 9 月 9 日

# 陌生人之间的关系展示着一个社会的文明程度

那天我在街边一面馆吃面。面端来了，我伸长手去拿筷子，坐我旁边更靠近筷笼的一位姑娘抽出一双筷子递给我。

一次乘飞机我坐靠窗的位置，送饮料的空姐递给我一杯矿泉水，坐中间的一位先生接过水转交给我。

也是在飞机上，我吃力地托着箱子往行李架上放，后面一小伙子伸过来一双有力的手臂接过箱子放了上去。

骑自行车飞速奔驰，"啪"的一声，我后架上夹的一摞书掉地上了；赶紧停下车准备回去捡，可一位少年已经弯腰捡起给我送来了。

一次去医院看病，我在诊断室外面等候喊号，突然接到一个电话要我马上赶去开会。这时候排我前面的大妈已经被叫号了，但她突然转身对我说："你先进去吧！"

……

这些细节都发生在素不相识的人之间，特别富有暖意。

都说"中国人最讲人情味"，其实，这种人情只发生在熟人之间。

40年前走进商店，看到的往往是营业员冷漠的脸，但如果这营业员是你表姐，那她看到你来了肯定笑靥如花了。所以，那时我曾经对着墙上的条幅"顾客就是上帝"想，还不如改成"顾客就是亲戚"呢！当然，现在任何一家商店的服务员都会很热情，有时候简直还热情过度，可不知怎么我感动不起来，因为我知道这笑容里面有"利益驱动"。

现在我们走进一些政府机关办事，有时会遇到一张张漠然的面孔，没有笑容，只有冷冰冰的指令："填个表。"或没有理由的拒绝："今天办不了。"但如果你是他的表舅，想想，他会怎样的热情？

到医院挂号或缴费，当然有热情敬业的医生，但我也遇到过一些穿白大褂的人，有时候你还没弄清为什么，不耐烦的叱喝就响起了，你大气不敢出，感觉自己就是孙子；但如果你是她的领导呢——当然，领导是不用亲自挂号或缴费的，我这里只是假如——呵呵，她的脸上保管堆起谄媚的笑容。

所以，我还曾经想，"把顾客当亲戚"不如"把顾客当领导"。

然而，在我上面所写我经历的几个细节中，我既非别人的亲戚，更非别人的领导，却得到了温暖。因此，毫无利益关系的陌生人之间的温情，就特别珍贵。

这里我用了"珍贵"这个词，说明我们社会这种陌生人之间的温情还不多。我曾经说过，我们国家现在最让我感到可怕的，还不是大家说的什么官员腐败，而是人与人之间的冷漠、戒备与互相不信任。因为虽然腐败的官员从人数上看现在已经不能说是"极个别"了，但与"14亿"相比毕竟还是少数，而这14亿中的绝大多数人之间，现在的确是互相防备的。仅举一个大家肯定也感同身受的例子——

在小区电梯里，满满地站着的都是自己的左邻右舍啊，可大家表情木然，也不说一句话。那天我在电梯里，看到一位估计是上小学的小姑娘，出于职业习惯，便笑眯眯地问她在读哪个学校，远不远啊，作业多吗……面对我的一连串问题，她低着头，一言不发，我好像是对着空气在说话。后来我想，她妈妈一定告诉过她："千万别搭理陌生人！"

许多陌生人本来并不认识，可彼此之间似乎有着积蓄已久的仇恨，就差一个导火索了。有时候我在大街上看到两个人为一点小事——比如狭路相逢不小心踩着对方脚了之类——而吵架，互相恶狠狠地叫骂着对方的母亲，有时候还大打出手。我就想，如果这两个人是多年不见的老同学老同事，会怎样呢？一定是这样的，正准备破口大骂，一抬头却发现对方是老朋友，于是互相哈哈大笑，然后用拳头亲热地捶着对方的胸口："哈哈，原来是你这家伙呀！"

为什么陌生人之间就会有看起来积压已久的仇恨呢？

记起 2000 年我在法国西门子大楼的一次经历。那是冬天，走在我前面的两个法国人到了楼前推开大厅门却不进去，而是用手撑着门在等待着谁，我当时的反应是他们在等后面的朋友，但我往后看并没有任何人了，我一下反应过来，他们是为我留着门；我赶紧走过去，进了门，他们才把门松开。我向他们微笑点头以示谢意，他们也回我以微笑点头，然后匆匆离去，融入到无数个陌生的背影中。但这份温馨，我一直珍藏到现在。

我再次想到"民主的生活方式"这个表述。我们都追求民主，但民主不仅仅是一种政治制度，也是一种生活方式。将民主看作一种个人的生活方式，即认为民主不只是一种形式或者说外在的东西，而是一种内在的修养。民主的生活方式，意味着自由、平等、尊重、多元、宽容、妥协、协商、和平等观念浸透于社会的每一个角落，体现于生活的每一个细节。

我知道，我们社会信任的缺失已经渗透到了每一个人每一个细节，我也理解，我们的善良有太多的时候被人欺骗被人利用，于是我们什么都不相信了。那天我发了一个附有照片的"寻童启事"，希望大家举手之劳地转发，很多网友热心转发，但也有网友问："万一又是假的呢？"我当时就想，假的又怎样？会给你带来什么损失呢？不过就是点点鼠标转发照片，你怎么不想想万一是真的呢？那不就救了一个孩子吗？

所以，我本文开篇写的几个小细节，就显得格外温馨，让我格外感动。只是这样的细节太少了，我希望我们每一个人都能够随时通过一些举手之劳给陌生人送去温馨。

一个社会的文明程度，不是看熟人之间的关系，而是看陌生人之间的关系。

2018 年 1 月 5 日

# 校园文化为谁"打造"?

"打造"一词本来多用于制造业，而且往往是手工业，比如打造银器，打造首饰，打造兵器，等等。最近十来年"打造"渐渐移用到教育领域："打造名师""打造学校品牌""打造校园文化"……当然，词语的含义及运用本身是在发展变化的，所以后来用于精神文化产品也不是不可以。

问题是，"打造校园文化"之"打造"是什么意思呢？

至少有些学校是这样操作的：请一家文化公司来帮着出创意和设计。比如，帮学校确立一个"人无我有"的"文化特色"——"孝文化"呀，"义文化"呀，"水文化"呀，"山文化"呀，"石文化"呀，"竹文化"呀，等等，然后紧扣这个"文化"来设计校训、校徽、校歌、校服，包括信封、信笺、水杯以及学校的色调、logo（标志），还有学校教学楼墙上的各种图案和文字，还有校园内的各种小雕塑、学校围墙上的浮雕等等……经过这么一"打造"，学校一下就显出"浓浓的文化气息"了。

但是，校园文化是"打造"出来的吗？

当然不是。

按我肤浅的理解和通俗的表述，"校园文化"是"学校文化"的展示和标志，如果没有学校文化，校园文化则成无源之水无本之木。而学校文化是一个学校在办学历史中水到渠成积淀形成并被学校全体师生所认同和遵循的价值观、精神、行为准则及其规章制度、行为方式，它当然可以体现于外在的校园景观，但更通过一个又一个的课程和故事彰显出来，并流传下去。总之，每一所学校的文化都是从这个学校的土壤中自然而然"生长"出来的，而不是花钱去请公司"设计"然后"打造"出来的！

当然，必须特别说明，现在有的文化公司不是仅仅帮着"设计"，而是深入学校，进入课堂，了解校史，采访师生，感受氛围……然后帮着总结学校本来就客观存在着的文化因素，将其提炼并凸现出来，这是无可厚非的。这不是我这篇文章批评的对象。

我批评的是纯粹从主观理念出发，仅仅靠"设计"来"打造"出"校园文化"。本来是从内部自身生长起来的东西，却靠别人来"打造"，我看不出这样的"文化"有什么真正的文化内涵。

退一万步说，就算是"校园文化"可以"打造"——如果这里的"打造"，是我上面所说的"总结学校本来就客观存在着的文化因素，将其提炼并凸现出来"的意思，那么，这"校园文化"为谁而"打造"呢？当然是为师生打造，但在我看来，首先是为学生打造，道理很简单，学校的一切归根到底是为孩子服务的。

然而，去许多学校看看吧，校园里的"文化"有多少是属于孩子的？或者说，和孩子有多大关系？

一尘不染的校园里，到处是气势恢宏的成人化标语口号。比如，远远就看到教学楼的墙上写的巨幅标语："十年树木，百年树人""百年大计，教育为本；教育大计，教师为本""奋力打造国内知名、西部一流、省内领先的精品名校""培养走向世界的现代中国人""造就一代又一代有中国情怀、世界视野的卓越人才"……这些口号在我看来绝对没有错，放一些在学校的墙上也是应该的，因为它可以激励全校教师时刻不忘办学使命。可现在不少学校基本上都是这些成人口号，就不妥当了。

还有图片以及对图片的介绍。比如，很多学校都有"领导关怀"的橱窗，上面展示着各级领导前来视察学校的照片。这么多领导关心学校，这当然是学校的光荣，但可不可以放在学校荣誉陈列室？把有限的墙面留给儿童，不更好吗？

橱窗里对校长和教师的介绍，也往往让儿童看不懂。比如这样介绍校长：某某某，我国著名教育专家，先后获得国家级什么什么荣誉，出版过什么什么著作，主持过什么什么国家级课题，在全国率先提出了什么什么理念，创立了什么什么课堂模式……对学校名师的介绍也大致是这么个风格：曾获得全国小学语文公开课赛课一等奖，曾被评为"首届十大巴蜀名师"称号，云云。

这样的文字介绍，包括照片上西装革履的校长和老师，很难让儿童感到亲切。他们根本不懂那些"荣誉""课题""理念""模式"是什么意思，他们其实最关心的是：这个校长对我们凶不凶？平时我们如果对学校有什么建议能找到校长当面给他提吗？这位老师的课上得好不好？课间老师和我们一起跳绳或踢足球吗？我们犯了错老师会不会动辄请家长？……

我知道，上述介绍校长和老师的文字本来就不是写给孩子们看的，而主要是写给前来视察的领导和参观的教育同行看的。可是，校园主要是属于本校儿童的呢，还是外面的领导和同行的？

还有满墙的"办学理念""培养目标""校风""教风""学风"以及"321青蓝工程""三主式课堂""三自式德育"……让人眼花缭乱。我想，把这些东西那么醒目地写在校园的墙上是为了什么呢？是为了提醒每一位教育者吗？那完全可以写在相应的办公室、会议室呀！

我甚至还在一个小学墙上看到了"坚决打赢扫黑除恶攻坚战"的标语，刚好不远处有一群一年级的小朋友从教室里活蹦乱跳地出来。当时我只觉得这样的"校园文化"实在滑稽。

有一两句核心的教育格言（比如教育家的经典语录或本校校训）就可以了，更多的空间留给孩子们吧！

所谓"留给孩子们"，并不是说把校园的所有墙面和空间都用图文塞满。现在有的学校也很注意"儿童视角"，于是校园几乎所有的空间都是名人名言、儿童书画、手抄小报，连楼梯的每一级台阶的侧面都写着中英文对照的"你好""谢谢""不客气""再见"……整个校园被这样的"文化"塞得水泄不通，令人窒息，这恐怕不是校园文化"打造者"的初衷。

把校园还给孩子，让校园别那么"神圣"，别那么"精致"，别那么"一尘不染"，别那么"气势恢宏"。让校园有树林，有草坪、小土坡、小池塘，孩子们可以打滚，可以摔跤，可以捉迷藏，可以追逐打闹……越有儿童笑声、歌声和呐喊声的校园，就越有"文化"。

几年前，我曾经去台湾考察参观过几所学校，看到了属于儿童的校园。新北市成福小学的校园里有水塘，孩子们可以穿着青蛙服下水观察水中的动植物；新竹道禾实验学校有许多枝繁叶茂的大树，孩子们课间都可以爬上去玩儿的；台北奎山中学的校园里有许多沙坑、土坡、秋千，专门供孩子们"撒野"的，他们的一幢教学楼居然还修了旋转滑梯，这是孩子们下课后下楼去操场的"通道"，校长说："孩子们一下课就坐滑梯下来了，多好玩儿！"

在这几所学校，放眼校园，房子是旧的，教室是旧的，操场是旧的，到处都有泥土和青草。校园里也没有刻意的所谓"校园文化建设"，我没有看到"办学理念""校风""教风""学风"之类的表述，也没有看到各种花里胡哨的"校园文化墙"之类。但学校所有的教育追求，都写在了孩子们快乐的脸上。

当时，我不禁对同行的老师感慨："在大陆，许多学校越来越精美、豪华和高大上：水磨石地面，瓷砖贴墙，喷泉水池，天文馆……总之，地面早已经干净得没有一点泥土了。孩子们在这样的校园里，被要求'规范行为''文明休闲'，还有什么'轻手轻脚，轻拿轻放，轻言细语'，整个学校就没有孩子尽情撒欢甚至撒野的地方！而这里的校园，如果按大陆某些验收标准，硬件就过不了关。但这里却是孩子们的乐园！这才是学校！"

在大陆学校的墙上，"一切为了孩子，为了孩子的一切，为了一切的孩子"是出现频率最高（至少是"之一"）的话，其实，真正的"为了"并不是把这三句话突出地写在墙上，而是不动声色地体现于学校的每一个细节，自然而然地融入孩子们每一天的生活。

这样的校园文化，是不是离孩子更近一些呢？

2018 年 12 月 25 日

# 思绪飞扬
SI XU FEI YANG

# "君子坦荡荡，小人长戚戚"

最近，在我的微信朋友圈里发生了两件事，值得一记。

北师大著名学者石中英教授发了一篇文章，题目是《对教育规律的一点认识》，他特别说明："一点认识，请大家批评！"第二天果真就有人"批评"了，批评者是陕西宝鸡一位叫"张宏"的中学语文教师，批评文章的题目是《石中英教授，恕我直言》。张宏老师认为石中英教授《对教育规律的一点认识》写得太深奥，他读不懂。张老师这样"直言"道："恕我直言，己之昏昏，怎能使人昭昭？或许石老师足够高深，颇有造诣，但考虑不同受众，是否可以在自己通透的理解下，把话说得明朗点，简约点？可以多一些思想结晶的干货。"

说实话，我读了石中英教授这篇文章也不太满意，但我想的是我自己要对这个问题进行思考，然后拿出我对教育规律的一点认识，再和石教授商榷。而张老师显然没有讲太多的道理，只是发泄其"我读不懂"的情绪。

石中英教授读到张宏老师的文章后，不但将其转发到自己的朋友圈，而且还这样评论道："一篇可能来自一线的批评文章，供教育同仁们借鉴！理论若脱离实际，该批评，无异议！谢谢作者指教！"

石中英教授是我尊敬的学者，也是我的好朋友。凭我对中英兄的了解，他绝不可能故作"从善如流"的谦逊状，而是真诚地接受来自基层老师的意见：把文章写得通俗些！张老师的批评很"冲"，语言也很"肆无忌惮"，但中英不管对方怎么说，只管对方说了什么；只要批评得对，平和接受就是了。

后来张宏老师很是感动，通过我加了石教授的微信，成为网上朋友。

还有一件事是我"挑起"的。我尊敬的师长兼朋友罗崇敏先生写了一篇《两个伪命题戕害中国教育》，质疑"素质教育"这个概念。我读后深感其对素质教育理解有误，行文的逻辑也有疏漏，便写下长文《"素质教育"是"伪命题"吗？——与罗崇敏先生商榷》，针对罗文有理有据地逐段批驳。文章在我的微信公众号"镇西茶馆"推出后，反响强烈，被许多网友转发。很多人也兴趣盎然地关注着"事态发展"，看罗崇敏先生有何反应。

第二天，我便收到罗崇敏先生的反馈了——他在我的微信里留下长长的语音留言。崇敏先生首先感谢我对他观点的批评，然后再次强调了他在《两个伪命题戕害中国教育》一文中的观点。态度恳切，语言平和，重申观点，周详细致。虽然他并没认可我的"商榷"，也没对我的批驳提出新的观点，但我还是很舒服。听着微信上的语音，我能感受到他大度谦卑的风范。

学者之间的"商榷"乃至"论战"，无论在语言上有多么浓烈的火药味，都仅限于学术争论，绝不伤害对方人格。最后的结果，也不一定是谁"说服"了谁或"驳倒"了谁，很多时候可能是谁也没说服谁，那也不要紧，彼此亮出观点，以求对方了解，达到求同存异的目的，甚至不求同只存异，也是很好的。

无论是石中英教授，还是罗崇敏先生，他二人都表现出虚怀若谷的君子之风。而无论是张宏老师还是我，我们都没有哪怕只言片语损害对方的人格，尽管张宏老师对石中英教授的"直言"有些情绪化，但他依然不失对石教授人格的尊重。

这就是我赞赏的学术之争。

来自网上（其实也不仅仅是来自网上，也包括来自报刊文章里和面对面的日常生活中）的所有"逆耳"之言，似乎可以大体分为这么四种情况：

第一，态度严肃，言之有理；第二，态度严肃，言之无理；第三，态度不恭，言之有理；第四，态度恶劣，语言污秽。

对第一种情况，那没话说，我们接受就是了。我一直认为，接受批评认个错，不丢脸的，因为输给真理是很光荣的。20多年前，我写《走进心灵》时，曾提出一个"学生总是对的"这个观点，后来一位网名叫"想飞的小猪"的读者在网上写了一篇文章批评我这个观点，我觉得这位网友说得对，是我把话说绝对了。我不但全盘接受他的批评，而且还说要给他寄一本书去表示感谢，虽然后来因为他不愿意暴露自己的实名而谢绝了我的好意，但这么多年过去了，我一直感谢他对我的批评。

对第二种情况，我们也应该善待并感谢批评者，因为人家是出于好心帮助你，我们没有理由不感谢他。再说，就算他误解了你的观点，我们也可以把他的批评当作提醒，提醒自己避免那种错误观点。十多年前，我曾公开发表一篇《新德育探索》的文章，文中对"旧德育"提出了尖锐的批判，不久山东莒县一位老师在《中国教育报》发表文章对我的观点提出批评，认为我否定了传统德育。其实这真是他的误解。但我还是感谢这位老师，后来我将《新德育探索》一文收入集子时，还特意将他的批评文章附录于后。

对第三种情况，我的态度依然是包容和接受。是的，的确有的人说话对人缺乏尊重，甚至阴阳怪气，冷嘲热讽，但如果其不恭语言中确有合理之处，我们取其合理而改正自己的错误或疏漏。又不是和他朝夕相处，你计较他的态度干什么？只要他说的有道理，你接受就是了。去年，我在一篇文章中用了"公共符号"这个词，马上就有一位特级教师批评我，他的语言显然并不友善，但没关系，关键是他说得对，我是用错了。于是，我立即改正，并公开感谢这位老师。还是那句话，我要的是真理，管你态度干什么？我又不和你在一个锅里吃饭，和你有没有"良好的人际关系"有什么关系？

对第四种情况，我就三个字：不理睬。

网络，因为可以匿名发言或发文，很多时候成了一些心理阴暗的人躲在暗处攻击谩骂的隐身之地，一些论坛、微博、博客、微信公众号以及后面的留言空间，甚至成了污言秽语的"厕所下水道"。这是我的不少有精神洁癖的朋友远离网络的原因。不管观点有多大分歧，讲道理是基本的规则。就算以实名批评别人，尊重被批评者的人格，这是应该也必须恪守的底线。

但世界之大，无奇不有。所谓"林子大了，什么鸟儿都有"。包括一些似乎还有点层次的文化人，也常常不讲道理——或讽刺挖苦，或强词夺理，或人身攻击，或破口大骂……如果你和他针锋相对，所谓"以子之矛攻子之盾"，你岂不成了你所厌恶的那种人？所以，这么多年来，虽然总有人对我阴阳怪气，讽刺挖苦，我一律装作不知道，我有更重要的事要做，哪有时间去计较？这种不计较，还源于一种自信——我坚信这种苍蝇式的嗡嗡叫丝毫无损于我的形象。我满足于这个别人想骂我的欲望，有什么不可以呢？但是，有条底线绝对不能突破，那就是我决不容忍谁公开对我无中生有的造谣诽谤。不过即使如此，我也不会和他对骂——我始终不会把自己变成我厌恶的那种人。如果有人真的突破了我设定的这条底线，我就一个办法——通过司法渠道，用法律维护自己的尊严。费那么多口舌干什么？当然，迄今为止我还没有这样的经历，我只是设想最坏的情况。我永远不希望有这样的体验。我不希望自己成为"围观"的对象。

总之，别人说的对，我就接受；说的不对，我就自勉；说的难听，我不理他；造谣诽谤，我起诉他。真诚坦荡，光明磊落；与人为善，得理让人；坚持原则，恪守底线；有礼有节，寓理于法。孔子说："君子坦荡荡，小人长戚戚。"我说，自己做君子，小人让别人去做。没办法，我就这么"自私"。

2017 年 7 月 12 日

# 不管外面多么喧嚣，他们只顾默默前行

——再访杜郎口中学兼谈为什么那么多学校"学不会"杜郎口的原因

一

2017年5月12日下午，我第四次来到杜郎口中学。

一出济南遥墙国际机场，崔其升校长便迎上前来紧紧握着我的手，然后把我的行李箱抢了过去。好久不见，他依然如老农民一般热情朴实。他今天本来在平邑，为了接我，特意驱车几百公里赶到机场。

在车上，我们聊起了杜郎口中学。我问："前段时间因为李炳亭出事，学校再次处在舆论的风口浪尖上，现在学校怎样？"他说："一切如常，学校没有受到外界舆论的干扰和左右，该干啥干啥。感谢你多次公开为杜郎口中学辩护！"

他指的是我年初写的那篇《没有"神话"，谈何"破灭"》，这篇文章在网上发表后，引起强烈反响。也有个别老师有不同看法，但大多数读者予以了认可。山东教育厅原副厅长张志勇说我这篇文章对杜郎口中学的评价很理性客观。当然，争论会继续下去的。不要紧，这是正常的。

崔校长还告诉我，杜郎口中学现在依然有源源不断的参观者，但不收费了。学校已经没有任何财务权，完全不可能靠"奖金"对老师们进行"激励"了。他说："还是要靠做人的境界，做人第一，就是你说过的，'首先做一个好人'。"

是的，我曾经跟崔校长说过——其实这话我也在武侯实验中学讲过，一个人无论从事什么职业，首先要是一个好人。好人的含义是善良、正直、勤奋、宽容，随时想着别人，让周围的人因自己的存在而感到幸福……我说这个话的时候，举的例子是武侯实验中学的潘玉婷老师。潘玉婷老师深受学生爱戴，课上得好，班带得好。同事们都希望把自己的孩子送到她班上。我曾在大会上说："潘玉婷老师之所以是个好老师，是因为她首先是一个好人。她把自己的善良投射到教育中，便成了好老师。如果她从事其他职业，比如医生、律师、公务员或营业员，也会做得非常好！"

崔校长说，他学校的老师太好了！学校有一种正气，向上，敬业，不计较，老师们都把学校的工作当作自己的事，对教育有一种"宗教情怀"，对工作有一种"反思精神"。当学校工作和个人利益发生冲突时，老师们都自觉服从学校工作。

我说："这恰恰是很多学校没有的，也学不会。不但没有，不但学不会，他们还不相信，或者会质疑，'不人文'啊，'老师也是人'啊，'被洗脑了'呀，等等。"

崔校长笑了："不管别人怎么说，反正我们学校就是这样的。"

二

走进校园，我看到前来参观的人虽然不如几年前那么熙熙攘攘了，但依然一拨一拨的，完全感觉不到外界所传言的"杜郎口中学衰落了"的景象。

几年不见，杜郎口中学校园发生了很大的变化。但走进课堂，好像变化不大。依然没有讲台，依然四壁黑板，依然是学生在展示，而老师在一旁站着听——不时点拨几句。当然，我说的"依然"是从表面上看到的，实际上，杜郎口中学的课堂模式远不是当年的"三三六"，也没有了过去那种"导学稿"——几年前，崔其升校长便决定取消"导学稿"，这还引起外界的误解和议论。现在的课堂情况，我在《没有"神话"，谈何"破灭"》一文中曾有介绍——

课堂不再拘泥于模式，而是根据课堂需求，教师随时引导和点拨。常态课课堂流程是这样的：学生板书→晒误台全班剖析→分配任务小组交流→小组展示分享成果→多种形式进行反馈（帮扶小对子互查，教师回访，组长换小组针对重点同学进行抽查，板面前出题检测，纸面上进行笔头沉淀）→达标反馈（分层）→课后反思。加强了小对子的帮扶，更有针对性；老师回访，也是回访对子，因此小对子利用得非常充分，效果也很明显。教师根据学生提出的问题及自己备课过程中确定的重点，进行学案的设计。

我走马观花转了几间教室，看了几堂课——实际上，在杜郎口中学，他们的课堂形式让人无法以传统的方式听课，而只能"转课"。我看了语文课、数学课、生物课。因为我是教语文的，我分别在上语文课的两间教室里站得相对久一些。

这两节语文课都是阅读课，一个班是分享苏轼的《水调歌头·中秋》，另一个班是讨论老舍的《骆驼祥子》（片段）。和前几次一样，学生在课堂上的展示给我留下很深的印象。每一个站在前面的孩子，都是目光自信，落落大方，声音洪亮，语速流畅，表达清晰。聆听的同学也神情专注，眼神凝视，或者随着展示者的思路而情不自禁地小声应和，气氛非常和谐。站在一旁的崔校长说："只有这样，孩子们才不会开小差。"我注意了一下，果然，每一个孩子都很投入，看不到心不在焉的学生。

我在初二一个班看课时，一个小学三四年级模样的孩子在听前面的同学展示。我很奇怪地问张代英校长："这孩子是跳级的吗？"她说："不是，他其实就是初二的，但他患有侏儒症，所以个子很矮。"一会儿我来到另一间教室，又看到一个"跳级生"，问张校长，她说"也是侏儒症"，还说学校这样的孩子还有好几个呢！

我一下想到，杜郎口中学的生源是没有选择也无法选择的。像这样的孩子，在城里一些有"择校"潜规则的"名校"，显然是不可能有的。

可总有人以为崔其升校长也"优化生源"，这是因为他们不了解杜郎口中学。类似的误解还有说杜郎口中学的学生展示是"假"，说他们"晚上偷偷补课，白天演戏"等。其实，只要不怀偏见，亲自看看就明白了。

那天是周五，下午最后一节课结束，孩子们便放学回家了。

在学校课堂改革成果展览室，我不但看到了崔校长带领杜郎口中学老师艰难走过的 20 年历程，还看到了从杜郎口中学走出去成长为国家拔尖人才的学生名单，以及全国许多学习杜郎口中学成功的学校。

有人说，杜郎口中学的改革并没有得到"官方认可"。本来，一个学校的改革是否成功，最有说服力的是学生的成长而非"官方认可"。但只要真正有利于学生发展的教育改革，必然得到国家的认可。

国务院发展研究中心在《我国基础教育改革与发展的若干重大问题研究》中对杜郎口中学作了这样的评价——

课堂转型是一种文化变革，一场静悄悄的革命。杜郎口中学从改革初期的"让学生动起来"，到改革攻坚阶段的"把课堂还给学生"，直到现在日臻成熟的"336 自主学习模式"，真正从本质上回答了什么是教育，什么是学习，老师之职责是什么，应该有什么样的课堂模式，应该有什么样的师生关系，应该有什么样的教师队伍等根本性的问题。通过对杜郎口中学的课堂观察不难看出，所谓"自主教育"，就是通过教育的影响，充分调动学生的内部机制，引导学生积极有效地参与教育过程，增强学生的自我意识，在教师的指导下，使学生逐步形成自我教育的能力，成为积极主动且全面发展的人。

注意，这段评价不是来自教育部，而是来自国务院。没有比这更高级别的"官方认可"了。

三

崔校长引导着我来到一间会议室，里面坐着教育局的副局长、教研室主任、杜郎口中学的一些年轻教师，还有几位外地的参观者。崔校长说，楼上还有一批参观的老师，他得去给他们讲讲，这里让张校长陪我交流。说完他就走了。

在交流会上，我谈了杜郎口中学最让我感动的地方。

我说："第一，杜郎口中学对教育有一种近乎宗教情怀的职业精神。这是杜郎口中学课堂改革得以推行并且取得成功的真正秘密。全国不少地方的学校学杜郎口，轰轰烈烈地开始，最后不了了之，一切回到起点。为什么？许多人都说是因为'生搬硬套''机械地学''没有与本地的文化和本校的实际情况相结合'……这当然是重要原因，但绝不是根本的原因。在我看来，学杜郎口中学而不成功的根本原因在于，从校长到教师没有他们那份对教育的真正信仰，没有那份教育的'宗教情怀'！杜郎口中学老师们善良、勤奋、坚韧的人格，对职业的高度认同，对工作一丝不苟的自觉敬业，不讲报酬不计名利的境界……这点很多学校学不来，有的老师也不愿学——不但不愿意学，而且他们也不相信有这样的老师，或者会说'这样的管理没有人文情怀''老师被洗脑了'……但这恰恰是杜郎口中学的精髓。人格高于一切。"

写到这里，我还想补充强调的是，信仰是一种个人的自由选择，你可以不作这种选择，但你不能不相信有人的确会这样选择，你不应该不尊重别人的选择。打个比方，我们在西藏看到那么多虔诚的信徒，虽然我不信，但我相信他们的信仰是真诚的，而且我对他们绝对肃然起敬。面对杜郎口中学的课堂改革，离开了教师的人格精神，纯粹学技巧、学模式，永远不可能学会，永远！

我谈到自己敬佩杜郎口中学的第二点："现在很多所谓'名校'，多少都有'择优招生'的背景，甚至不择手段去抢'优生'，但杜郎口中学不择优生，这点最难能可贵！有人曾经问我：同样是以升学率高著名的学校，你抨击那些'超级中学''高考工厂'，为什么却不说杜郎口中学？我说，杜郎口中学和那些所谓的'牛校'最大的甚至说最本质的区别，在于杜郎口中学的生源没有经过'优化'。学校的区域位置，决定了他们在全县十六所初中里，生源质量多数时候是最后一名，偶尔是倒数第二名，但三年后的中考却能名列前茅，至少在前五名，2016年还是第二名！所以茌平县教育局单局长曾说，杜郎口中学的中考成绩，是'不是第一名的第一名'！今天，我去转课堂，看到几个患有侏儒症的儿童，这样的孩子，在某些'优化生源'的名校，显然是不会收的，可今天我看到这些孩子在课堂上一样的自信，一样的投入。这是杜郎口中学最让我佩服的地方之一。这就是真教育！"我说这话的时候，茌平县教育局慈副局长正坐在我对面，他一边听一边微微点头，表示认同。

四

我想到好几年前，我在谈到鄙视一些靠挖生源而取得中考、高考"辉煌"的学校时，就有人曾经问我："难道你认为现在有不靠优化生源而取得优异教育成就的学校吗？"我当时回答："当然有！比如杜郎口中学！我非常敬佩的崔其升校长，一不挖优生，二不撵'差生'，踏踏实实地搞课堂改革，从最后一名抓起，十年磨一剑，终于赢得了教育质量的辉煌成就。而且成名之后，该校由于地处偏僻，生活条件很差，到现在都还没有像有的名校'一炮打响'之后优秀生源云集的壮观场面，也就是至今他们依然没有'优化生源'，依然教着当地农民的孩子，而且依然一年一年地成绩斐然。这样的名校，我服！"

我现在依然怀着这种敬佩的心情。

我继续说："第三，杜郎口中学还让我佩服的是，他们并没有停滞不前，而是一直在根据实际情况不断朝前发展。现在外界许多批评杜郎口中学的人，他们眼中的杜郎口中学还是多年前那个用'导学稿'搞'三三六'课堂模式的杜郎口中学，而实际上，崔校长和他的同事们早就没有那样做了。他们的课堂模式已经和过去不一样，也不再限制老师们只讲五分钟，'导学稿'也取消了。崔校长说过，最初老师讲得太多，限制了学生主体性的发挥，他便强行规定老师在课堂上只能讲多少分钟，后来老师们渐渐养成了尊重学生，让学生多讲的习惯，便不再强行规定了，现在你让老师多讲都不可能了。记得几年前崔校长宣布不再用'导学稿'时，网上还有人嘲笑，说崔其升不得不宣布'导学稿'的失败。其实取消'导学稿'是发展的需要，一切都是为了适应变化了的情况，不同阶段有不同阶段的做法，哪里是什么'失败'？杜郎口中学与时俱进的地方还很多，但不变的是对学生尊重，是教师的宗教情怀和反思精神。"

我接着说："然而，不管外面如何评价杜郎口，说他们'创造了奇迹'也好，或者'是骗子''神话破灭了'也好，他们总是那么从容淡定，不被舆论左右。说好说坏，杜郎口中学都坚持走自己的路，从不解释，因为行动与成果就是最好的解释。这是杜郎口中学最让我佩服的第四点。"

今年是崔其升到杜郎口中学任校长的第 20 年。20 年来，崔校长让这所当年教育局曾经打算撤并的薄弱学校成了闻名全国的著名中学。这期间，他们不但经历了教育改革本身的艰难困苦，也遭遇了外界舆论的风风雨雨，但崔校长和他的同事们始终执着于理想，坚持改革，不断前行。无论别人说什么，杜郎口中学始终屹立着。这让我想到了仓央嘉措那几句著名的诗：

你见，或者不见我，

我就在那里，

不悲不喜……

五

张代英校长希望我给杜郎口中学提点建议。我说："我多次旗帜鲜明地为杜郎口中学辩护，是出自我的真诚；那么，今天我也同样真诚地谈点我认为的杜郎口中学还可以做得更好的地方。"

我直言不讳地说："首先，我觉得杜郎口中学整个教学总体上还属于'知识本位'的范畴，刚才我在转课的时候，虽然孩子的发言很大方，很有条理，但几乎每组的课堂分享还是低层次重复，观点都是一致的，没有不同的，而且都是背稿子。能不能让孩子们脱稿发言？能不能让学生之间的观点有碰撞？能不能让老师也参与孩子们的争论？能不能在课堂上鼓励孩子们的批判性思维？我听的语文课还是就课论课，学生视野不开阔，没有和社会生活相联系。比如《骆驼祥子》，完全可以结合当今社会讲'当代祥子'。比如，祥子想靠自己的勤劳改变命运而不得，最后堕落了，成了行尸走肉，这是那个社会的悲剧。那么可不可以让学生讨论甚至争论一下：今天的中国，还有没有'祥子'？我认为是有的。是不是每一个人都能仅仅凭劳动改善自己的生活？有时候显然不是。让学生思考这些，并不是要否定我们国家改革开放取得的伟大成就，而是让他们看到我们的社会还有很多不完善，我们的改革还要继续向前推进。这样学《骆驼祥子》就不仅仅是在学一篇课文，而是在学习思考、学习生活。"

我还特别谈到："杜郎口中学目前最大的短板是，课程改革还不够。你们的'课改'主要是课堂改革，而真正的'课改'应该是课程改革。这方面，杜郎口中学迈出的步子还不大，而这恰恰是学校下一步继续改革的突破口。当然，这对教师的要求很高。我不忍苛求我们杜郎口中学的老师，他们已经很不容易了。相对来说，他们的人文视野要窄一些，文化内涵要浅一些，但这不是他们的错。但课程改革对教师的要求很高，可以说如果学校要搞课程改革，比如现有课程的整合、不同学科的融合、校本课程的开发、跨界教学，等等，都对教师素养提出了挑战。但迎接这个挑战，老师们可以得以提升。大家可以挖掘杜郎口中学的各种课程资源，包括每一个老师都是课程资源。我想，现在杜郎口中学的课堂改革已经在全国赫赫有名，如果课程改革能够取得成功，更了不起！我希望这是杜郎口中学创造的第二个奇迹，第二个辉煌！"

张代英老师说："我们的老师非常敬业负责，我希望我们的孩子将来回忆起杜郎口中学的时候，能够说，我的老师是最有爱心的老师！"

我补充说："而且还是一个特别有学问的老师！还有，我希望杜郎口中学的孩子以后回忆母校的生活时，能够有更多温馨的记忆。据我所知，杜郎口学生每天体育锻炼的时间是足够的，听说前不久初三学生中考体测时，成绩都很不错。每天孩子们自由安排的时间也不少，下午放学后到上晚自习期间是自由安排时间，晚上九点二十准时熄灯。因此，学校完全可以开展更多的活动，让杜郎口中学孩子的校园生活，有更多的色彩，更多的情趣，更多的浪漫！这些都可以通过课程开发和许多活动得以实现。而且这种美好的回忆，不仅仅是属于孩子们的，也是属于杜郎口中学的每一个老师的！"

张校长、慈副局长和老师们用掌声对我的直言表示认可。晚饭时，我对崔其升校长说："我刚才很坦率地指出了我认为杜郎口中学的不足，并提了建议。"他非常高兴，说："这才是真正为我们好呢！"

## 六

晚上，崔校长送我去聊城。在40多分钟的车程里，他一直在车里给我讲老师们如何让他感动。他说，因为大的政策变了，新的规定出来了，现在老师们的待遇大不如过去，学校不能发钱了；但老师们一样的敬业，不计较，不抱怨，一心为学生，一心为工作。"我们学校的老师太好了！"他不停地说。

我问："你们学校真的就一个发牢骚的人都没有吗？"

他说："我当然不敢绝对说一个都没有，但如果有，绝对是极个别，而且没有市场，因为我们学校主流的风气是很正的。"

他给我讲了副校长张代英老师的故事。他说，张代英的成长经历坎坷，命运曲折，中学就读这个学校。后来大学毕业又分回母校。"她人特别好，善良，勤奋，总是为别人着想，为工作着想。"他说，张代英怀孕期间坚持上班，一直到上楼流血才发现不对，送到医院马上就生了。产假和暑假有两个月重叠，结果一开学便上班，学校要她休完产假她都不愿意，非要上班不可。一次，崔校长出差回来开行政干部会，说了学校课堂教学的某些不足。其实崔校长并没有批评任何人，只是作为一把手校长分析学校的现状，可张代英当场站起来说："我是分管教学的，这些不足都是我的责任。"中午反思会上，她主动掏出一千元钱自罚。"并没有任何人要她这样做，但她真诚地认为是自己工作没有做好。真的让我感动啊！"崔校长说。

崔校长还给我讲了一个叫刘峰的普通老师，经常在夏天的晚上背上洒药器悄悄地为厕所喷药除蝇。"没人叫他那样做呀！可他就是把学校当作自己的家。"崔校长说，"还有许多班主任自发带上被子，来到学校的学生宿舍和学生一起睡，晚上好照顾孩子们。"

我问："学校有规定班主任必须和孩子们一起睡吗？"

"没有。哪有啊？"崔校长说，"这样做了也不会有任何补贴的，因为现在学校发不出钱啊！"

快到目的地了，我请崔校长一定要保重身体，我说："我记得你很早就患上糖尿病，不要太拼命了啊！"

因为有糖尿病，所以要多休息，这是我的想法，但崔校长却有着相反的看法。他跟我讲了他年轻时的一段心理历程："我 29 岁那年查出患上糖尿病时，我把自己一个人关在卫生间里，因为里面没有人，我痛哭了好一阵子。我想，为什么偏偏是我患上这个病？我的命为什么这么苦？我想我可能比一般人早一些时日离开人间，不会活到七八十岁，我就应该抓紧每一天多做事，做比别人更多更有价值的事。我来这人世上一遭，对社会、对孩子能多做一点事情，我的生命就有价值。这样我就算只能活 50 岁，也相当于别人活了一百岁。这么多年我就是这么过来的。"

我听了久久说不出话来。一路故事一路感动，和他比，我只觉得自己太渺小。

2017 年 5 月 17 日

## 教育本来是朴素而简单的事，
## 可为什么现在越来越花哨和复杂？

"我现在一听说'创新'二字，头都大了！"最近一位校长和我聊天时这样说。当时他还补充了一句："我不知道，学校哪有那么多'创新'！"

我非常理解他。而且我相信这不是他一个人的苦恼，而是许多校长共同的郁闷。

是呀，教育其实是很朴素的，教书其实是很单纯的。

可为什么朴素而单纯的事，现在变得越来越花哨和复杂了呢？

七年前我还在做校长的时候，一位领导来我校视察，我陪他转校园。他问我："李校长，你们学校有什么特色？"我说："没什么特色啊！"他看了我一眼，好像不太明白我的意思，说："我到任何一所学校去，校长都会一个劲儿地给我说这个特色那个特色，你们怎么会没有特色呢？"我解释说："我们学校才办几年，而形成特色是需要长期实践积淀的。再说，我现在也没想那么多的什么特色，就想让我们的老师认认真真上好每一堂课，认认真真教好每一个学生，认认真真带好每一个班，我呢，认认真真帮助每一个老师成长，就可以了。"

说实话，当该领导突然问我"特色"时，那一瞬间，我脑海里也闪过一些词语，比如"平民教育"啊，比如"新教育实验"啊，等等。但这些能够说是我校的"特色"吗？难道只有武侯实验中学在搞"平民教育"吗？难道只有我们学校在搞"新教育实验"吗？

所以，还是老老实实地做好教育应该做的每一件事，就行了。何必要刻意追求什么"特色"呢？

　　在这里的语境中，"创新"和"特色"是一回事，都是要求所谓"人无我有""人有我新"之类。

　　可是，对于基础教育，尤其对义务教育阶段的学校而言，教育方针是统一的，教育目标是统一的，教学制度是统一的，教育教学内容是统一的，课程设置是统一的，考试制度是统一的……这些"统一"都是《义务教育法》庄严规定的。

　　作为校长，首先要做的就是保证这一切"统一"正常而有效地落实。对普通老师而言，教育就那么几件事——备课、上课、批改作业、处理突发事件、找学生谈心……哪有那么多的"特色"和"创新"呢？

　　当然，针对不同的学生，教师因材施教采用不同的教学方式，或根据本校本地实情创编一些校本课程，这些"特色"和"创新"是很自然的。因此我并不一概反对"特色"，也不绝对反对"创新"——无论"特色"还是"创新"，都应该是自然而然，水到渠成。

　　但要求校校有"特色"，天天都"创新"，这做得到吗？

　　有"特色"和"创新"当然更好，暂时没有也不要紧，一点都不影响学校的品质。如果在一个学校里，孩子快乐并且有成长，教师有幸福并且有成就，这样的教育不是挺好吗？没有"特色"和"创新"又有什么关系呢？

　　巧了，正在写这篇文章的时候，就接到一位校长的电话。他正在奉命写下本学年"学校发展计划"。他说："上面要求的重点就是'创新'，你是专家，给我提几条建议吧！"虽然是铁哥们儿，可我爱莫能助，提不出任何建议。我跟他说了我正在写的短文，他说："你的这些文章有啥用！"

　　这我当然知道。我很无奈，但我还是要写，我只是不愿沉默而已。

　　他又说："唉，我本来觉得学校工作井井有条，挺好的，可上面不断要求我们要有'新思路''新目标''新举措'……我就不知道怎么办学了。"

　　我搞不懂，为什么要折腾学校？

2018 年 8 月 10 日

# 许多"名人名言"往往是以讹传讹

——有感于"教育就是一棵树摇动另一棵树……"并非雅斯贝尔斯所说

　　写文章免不了要引用名人名言，以增加说服力或者说权威性。有时候，同样的话普通人说出来就不如名人说出来更有权威性。比如，老百姓说："说话要有依据。"但一引用毛主席说的"没有调查就没有发言权"，感觉就不一样了。虽然说的都是一个意思。所以，作为教育人，我们写文章喜欢引用"著名教育家"的话，比如孔子、蔡元培、陶行知、卢梭、杜威、苏霍姆林斯基……但引用名人名言得有准确的出处，不能随意地从别人的文章中转引。引来引去，以讹传讹。比如，我常常见到有老师的文章中这样写道："苏霍姆林斯基说：'没有爱就没有教育。'"我就感到吃惊，因为我没有看到苏霍姆林斯基的哪本书里有这句话。后来看到这句话，又有人说是"冰心说""霍懋征说"……其实，这句话的意思几乎所有教育家都说过，但既然是引用这句话，就应该准确指出其出处。如果不知道出处，就别说是谁说的，就直接说"没有爱就没有教育"也是可以的。

　　因此，现在我写文章，尽量不引用名人名言，一旦引用我就一定要知道其出处，尽管我不一定在文章中注明，但如果有人要问我，我能够回答得上来。否则我就不引用。

　　前段时间，我在一位朋友的文章中读到一段话："伏尔泰说：'再过一百年，在市面上你将找不到一本《圣经》。你若想看《圣经》，就到博物馆里去看吧！'"我觉得这句话说得非常好，好就好在说明了名人的预言也可能不灵。但后来向朋友求证伏尔泰这句话的出处，他却说不上来，估计他也是引用别人的。

　　说起伏尔泰，我们很多人不一定读过他的著作，但多半知道他有一句引用率相当高的话："我不同意你的说法，但我誓死捍卫你说话的权利！"这句话曾经为许多学者的文章增加了雄辩的力量。但这句话已经被严谨的学者考证，并非伏尔泰所说，而是英国女作家伊夫林·比阿特丽斯·霍尔说的。她在出版于1906年的一本名为《伏尔泰之友》的书中用了这句话。后来又在另一本书《书信中的伏尔泰》中引用了这句话。但后来当这句话引起争议时，霍尔明确表示，她"综述"了伏尔泰的思想。她的依据是"爱尔维修事件"。

　　所谓"爱尔维修事件"指的是，伏尔泰并不喜欢克洛德·阿德里安·爱尔维修所写的《论精神》一书，称之为"一堆毫无条理的思想"；但当这位百科全书派哲学家的书出版后倍受教会和当局攻击之时，伏尔泰又为之辩护。于是霍尔在评论这件事时写道："'我不同意你的说法，但我誓死捍卫你说话的权利'从此便成了伏尔泰的一贯态度。"这本来是霍尔对伏尔泰的评价，但霍尔将这句她自己的评语加上了引号，"千古奇冤"便这样产生了，后人以为这是转引自伏尔泰本人的话，不断引用，越传越广，俨然成了伏尔泰正气凛然的名言。然而很多研究伏尔泰的学者曾经表示怀疑，因为他们从来没有在伏尔泰的著作里读到过这句话。

　　"历史就是任人打扮的小姑娘。"我从小就知道这是胡适的"名言"，我们因此对胡适大批特批，但后来也有学者考证，胡适从来没有说过这句话，在他的著作中也找不到这句话。但现在这句话似乎成了胡适"历史虚无主义"的"铁证"。至于他在哪里说的，或者到底说过没说过，没人去考证了。

　　和伏尔泰上述"名言"、胡适这句"名言"有着相同"待遇"的，是这句话："教育就是一棵树摇动另一棵树，一朵云推动另一朵云，一个灵魂唤醒另一个灵魂。"读许多一线教师甚至是一些著名专家的教育文章，常常可以看到这句话；走进一些学校，看到墙上也写着这句话。无论是教育文章的引用，还是学校墙上的展示，这句话都被醒目地标明是"雅斯贝尔斯"说的。

第一次读这句意蕴深刻而富有诗意的话，我也被感动了。很想找到这句话的出处。后来看到有些引用者还特别注明这句话出自雅斯贝尔斯的《什么是教育》一书中。于是，我便设法买了一本《什么是教育》，仔细阅读，从头到尾，却没有找到这句话。

我猜想，能说出"教育就是一棵树摇动另一棵树，一朵云推动另一朵云，一个灵魂唤醒另一个灵魂"这样优美句子的人，一定也是一位非常有教育情怀的教育者，我为中国有这样的教育者而自豪。他看到自己的句子被误以为是雅斯贝尔斯的"名言"而被广泛流传，估计是高兴大于遗憾吧？只是如果现在他真的站出来指认这句话，说自己才是这句话的作者，谁会信呢？

其实，信不信好像无关紧要，本来我似乎用不着这么"较真"，管他是谁说的，只要这话说得好就行！但作为严谨的教育文章，明明不是雅斯贝尔斯说的，你却非要把这句话强加给他，这显然不是一个严肃的学者所为，更背离了教育教人求真的精神！

后来我终于读到一位严肃学者的严谨论证，论证了这句话是如何以讹传讹成为"雅斯贝尔斯名言"的。这位学者叫陈俊一，他在任《教师月刊》编辑时，对这句话的来龙去脉进行了非常认真的研究考证，并写了一篇长文《雅斯贝尔斯说过这句话吗——对一句"教育名言"的源流考辨》。读了这篇文章，我对陈先生说不出的敬佩！在中国，这样的学者不是多了，而是少了。而在我们这个浮躁的时代，太需要陈俊一先生这种认真老实的学者了！征得他的同意，我在"镇西茶馆"推出本文，以此向陈先生表达敬意，并将其研究成果告知更多的人，以防止继续误传。

所以，最后我倡议，凡是阅读这篇文章的朋友都将其转发，广而告之，让其传播面越广越好。

2018 年 1 月 27 日

# 雅斯贝尔斯说过这句话吗

## ——对一句"教育名言"的源流考辨

陈俊一

"教育就是一棵树摇动另一棵树，一朵云推动另一朵云，一个灵魂唤醒另一个灵魂。"

这句话很漂亮，很诗意，很多人都喜欢引用，引用时大都注明是雅斯贝尔斯说的，更细心的作者还会注明，这句"名言"出自雅斯贝尔斯的《什么是教育》这本书。然而，笔者翻遍邹进翻译的这本书，都没有找到这句话，不禁困惑，雅斯贝尔斯说过这句话吗？如果没有，这句话又是怎么被传为是雅斯贝尔斯所说呢？

这句话还有英文表达，笔者在网上所见到的如：

Education is a tree shaking another tree, a cloud to promote another cloud, a soul awakening another soul.

这段英文出现在中文网页，且不说其英语用法不太规范，检索英文网页也找不到原文。也就是说，这段英文很可能是国人根据汉语翻译成英语的。不过，即使得出结论中文、英文皆为国人创造然后托名为雅斯贝尔斯所说，那德语中有没有这种表述呢？

"教育就是一棵树摇动另一棵树，一朵云推动另一朵云，一个灵魂唤醒另一个灵魂"这句话翻译成德语，尽管句式表达可能有所不同，但必然出现 Baum（树）、Wolke（云）、Seele（灵魂）等意象。笔者利用谷歌搜索外文网页，还真找到了两个有这些德文的网页，其一德语为——

"Was ist Bildung" erwähnt: "das Wesen der Bildung bedeutet, dass ein Baum ein Baum schütteln, schieben eine Wolke andere Wolke, eine andere Seele, eine Seele erwacht."（译文——《什么是教育》中提到："教育就是一棵树摇动另一棵树，一朵云推动另一朵云，一个灵魂唤醒另一个灵魂。"）

这个网页现在已经打不开，我通过谷歌网页快照找到了网页中的文字。但是这段德语看起来很像对汉语的翻译，而非雅斯贝尔斯的表述。而且，《什么是教育》原书名是"Was ist Erziehung"，而这段德语将 Erziehung 改为了 Bildung，这两个单词都有教育的意思，但具体意涵还有较大差别。这段德语出自 hi138.com 网站中的一篇论文，题为"Computer in der Höheren Berufsfachschule Klassenzimmer Effective Teaching"，意为"计算机在高等职业院校课堂有效教学（中的作用）"。这里的德语很不规范，像是利用翻译软件直接将中文翻译成德语的。笔者尝试将这段德语再翻译成汉语，在中文网页上进行搜索，果然搜到了这段德语翻译论文的中文原文——《浅谈高职院校中的计算机课堂有效教学》。这篇论文发表在《商情》杂志二〇一〇年第十期，作者谷岩，学术性不强，不具备较大的参考价值。所以，目前外文网页上搜索到的疑似德语表达并不是地道的原文，最大可能还是根据汉语翻译而成的。

另一个网页的德语为：

Jaspers sagte: "Bildung ist eine Wolke schieben andere Wolke, einen Baum schwingen in einen anderen Baum, eine Seele eine andere Seele zu wecken."

这个句子中文意思与上文所提类似，但笔者仔细阅读之后发现这又是根据中文翻译而成。看来，这句话有很大的概率乃是国人所创，并逐渐被误传为雅斯贝尔斯所说。但究竟有着怎样的传播过程呢？网页上的信息成千上万，甚至上亿，要追踪一句话在网页上的传播史、流传经过并不容易。甚至这句话最初的出处也许并不是在网页上，而是更早的某本不为人知的纸质书。因为没有条件对现存的纸质书籍进行电子化的全文检索，笔者暂时就把检索范围限定在网页上。

方法是，把这句话作为关键词在百度上进行网页搜索，打开百度的高级搜索功能，限定网页的时间为二○○○年一月一日到二○○五年十二月三十一日。舍弃二○○六年之后的网页，是因为二○○六年之后这句话已经在网上被确定为是雅斯贝尔斯所说，那么它们的最初依据都是来自二○○五年及更早的网页。这种方法的缺陷是，由于时间过去了十多年之久，一些二○○○年初的网页已经不能访问，因此也无法进行检索，也就是说，实际上，保存在网页中的信息是很有可能丢失的，但是这种丢失应该不会太多。二○○○年之后的几年是网络论坛特别火的时候，论坛中很多精彩的帖子、发言、文章，大都还保存着。这也为我进行互联网上的历史检索提供了一些有利条件。

笔者的检索结果显示，网页上最早出现这句话，是二○○二年八月二十一日发表在教育在线网站的一个名为"考上大学的苦恼"的帖子（网页地址为 http://bbs.eduol.cn/thread-3011-1-1.html。还有两个更早的显示为二○○一年的网页，但实际上那两个网页都是假网页，故忽略）。

帖子注明此文转自《北京文学》二○○二年第四期，现将相关文字引用如下：

那个学期还开了现代文学课。这门课应该是能讲得很生动的一门课。可是老师讲起来却味同嚼蜡。听课的后果是，失去了看这些作品的兴趣。教育应该是一棵树摇动另一棵树，一朵云推动另一朵云，一个灵魂唤醒另一个灵魂。可是我没有那种被摇动的感觉，也没有被推动的感觉，更没有灵魂被唤醒的感觉。

这句话没有说明是否引用。但在二○○二年，至少这句话还没有被传为是雅斯贝尔斯所说。

整个二○○三年，网页上没有这句话。传播的断档期是个很关键的信息，笔者判断，在二○○三年还没有教育界人士去引用这句话，估计也没有多少人注意到这个比较精彩的比喻。

二〇〇四年，笔者检索到两个网页出现了这句话，分别是二〇〇四年十一月十二日小鱼的微博转发"画家蓝蝶"的微博，但此微博却把这句话冠在了莫言的头上——

莫言：文学和科学相比，的确没什么用处，但文学最大的用处，也许就是它没有用处。教育也如此，所谓的分数、学历甚至知识都不是教育的本质，教育的本质是：一棵树摇动另一棵树，一朵云推动另一朵云，一个灵魂唤醒另一个灵魂。

在后来的传播中，莫言还是被雅斯贝尔斯代替了。这是个有趣的现象。

另外一个是二〇〇四年十月十五日的网页，万蕴慧在文章《在和谐中焕发教育的魅力》的最后一段写道：

教育无止境，教育不是知识的简单叠加、方法的重复，而是文化的积淀、方法的创新。真正的教育应包含智慧之爱，正如雅斯贝尔斯所说："教育是人的灵魂的教育，而非理智和认识的堆积。"教育本身就意味着：一棵树摇动另一棵树，一朵云推动另一朵云，一个灵魂唤醒另一个灵魂。让我们为每个学生创造和谐愉悦的教育氛围，让教育在和谐中焕发它无穷的魅力！

我判断，很多人将这句话视为雅斯贝尔斯所说，正是因为这段话的影响，它先是说雅斯贝尔斯说了"教育是人的灵魂的教育，而非理智和认识的堆积"（此话确为雅斯贝尔斯所言，见《什么是教育》中文版第4页），后面紧跟着至少从标点符号上看不是雅斯贝尔斯所说的这句"一棵树摇动另一棵树，一朵云推动另一朵云，一个灵魂唤醒另一个灵魂"，但是在后来人的引用中，这句话渐渐地就成了雅斯贝尔斯说的了。

到了二〇〇五年的网页，依然有部分人把这句话引用为莫言所说。另外在二〇〇五年三月一日的网页文章《朱自清的大气——在当下语境阐释温州中学的校训和校歌》中，作者黄惟勇写道：

我激赏这样的表述，"你选择了在黑板前的站立，你就选择了一种永恒的姿势，一种使命，一种宗教狂热，一种默默无闻光明磊落的情怀"，"理想的智慧教育，应该是一种有灵魂的教育。它意味着一棵树摇动另一棵树，一朵云推动另一朵云，一个灵魂唤醒另一个灵魂。它意味着追求无限广阔的精神生活，追求人类永恒的终极价值，智慧、美好、公正、自由、希望和爱，以及建立与此有关的信仰；真正的教育理应成为负载人类精神终极关怀的有信仰的教育，他的使命给予并且塑造学生的终极价值，使它们成为有灵魂有信仰的人"。

这篇文章用引号表示这句话是引用的，但是没有说明引用自谁。这句话包围在几句更完整的表述中，前面和后面都还有精彩的句子，可能还是出自某本书。笔者暂时还没有检索出"它意味着追求无限广阔的精神生活，追求人类永恒的终极价值，智慧、美好、公正、自由、希望和爱，以及建立与此有关的信仰"这几句话出自何书。

在二○○五年四月五日的一个网页中，有着这样的表述——

张庆海总结古往今来中外教育家的理念后得到一段话：教育是什么？教育是一棵树摇动另一棵树，一朵云推动另一朵云，一个灵魂唤醒另一个灵魂。从这段话中，我们或许更能感悟到一个为人师者崇高的精神境界。

从语境看，这句话显然是张庆海自己"总结"出来的，而非雅斯贝尔斯或其他人所说。

而在二○○五年三月二日的一个网页上，终于出现了把这句话标注为雅斯贝尔斯所说的话语——

"教育的本质意味着：一棵树摇动另一棵树，一朵云推动另一朵云，一个灵魂唤醒另一个灵魂。"——雅斯贝尔斯其中还附有一个原链接（http://wilma.blogdriver.com/wilma/index.html），但至今十一年过去了，已经打不开。通过互联网的网页历史搜索，目前笔者检索到的最早将这句话注明为雅斯贝尔斯所说的就是这个网页。

由于互联网的不稳定性，目前没有办法对曾经出现过但丢失了的所有网页进行检索。笔者的检索仅能够判断出，现存的上千亿上万亿个网页中，最早出现这句话的时间是二〇〇二年八月二十一日（纸质版则是二〇〇二年四月的《北京文学》，早于网页），最早传为系雅斯贝尔斯所说的时间是二〇〇五年三月二日。在之后的网页中，二〇〇五年九月八日的一个网页中开始有人进一步将这句话注明是出自《什么是教育》一书了，以讹传讹也就越来越有模有样了。

实际上却是，邹进翻译的《什么是教育》中，并没有这句话。而在二〇〇五年四月二十五日的一个网页《湖北：实施"农村教师资助行动计划"侧记》中还出现了这句话的一个变形版本——

叶森在他的资教札记中写道："教育应该是一棵树摇动另一棵树，一朵云推动另一朵云，一个程序激活另一个程序，一个灵魂唤醒另一个灵魂。我深知，一个灵魂唤醒另一个灵魂，不是依靠三分的热情，不仅仅需要自我的付出，它是硬件与软件的相互吸引，是爱心、责任心、赤子之心的水乳交融。'农村教师资助行动计划'为我们提供了一个巨大的空间，让我们大家都来做因特网，连接你、我、他，连接老师，连接孩子们、连接我们大家的心灵……"

这句话多出了一个分句，即"一个程序激活另一个程序"。树、云、灵魂，都是很有诗意的意象，但增加"程序"这个现代意象，它和树、云、灵魂搭配起来可能会比较突兀。

不过二〇〇五年出现这句话的网页数量并不多，在二〇〇六年及之后的网页就特别多了。

总之，这句话的大量传播并广为人知为是雅斯贝尔斯所说的，最初源自二〇〇五年的一个网页，并逐渐流行至今。

传播是多么容易以讹传讹，多么容易张冠李戴！

当然，这句话的意象很美，之所以被广为引用并不仅仅是因为雅斯贝尔斯的名头，更因为这句话本身内涵的丰富和语境的优美。在语言的运用中，比喻往往可以一语中的，让人感觉到事物的本质。比喻不仅是一种修辞，更是人类的一种思维机制。

但是在《什么是教育》一书中，比喻句并不多。大哲雅斯贝尔斯更多的是通过理性分析，层层推进去讲述他所理解的教育。有些时候，比喻是一种灵感的迸发，会对思维产生奇妙的催化作用；但有些时候，比喻也是一种思维的偷懒，让人沉醉于句子本身的漂亮而忘记了去追寻更为本质的东西。而雅斯贝尔斯绝不是一个思维偷懒的人。

当然，比喻本来就是语言的常态，有学者统计英语中70%的表达方式是比喻性的。美国学者乔治·莱考夫和马克·约翰逊也说，"譬喻是想象力的理性事件，容许通过一类经验去理解另一类经验"，"新譬喻能创造新理解，并且因此而创造新真实"（《我们赖以生存的隐喻》，George Lakoff，Mark Johnson 著，周世箴译，联经出版事业股份公司2006年版，第339页）。也有很多哲学家对比喻持有消极的看法，柏拉图、霍布斯、洛克、派克（Samuel Parker）皆不认为比喻有助于认识真理，比如派克认为："所有仅以譬喻术语表述的哲学理论，都不是真的真理，而是想象力的产品……它们放肆而华美的奇异思想爬上理性之床，不仅以低级而非法的交合亵渎了理性之床，还使心中充满幻象幻影，替代了真概念以及对事物的关注。"（同上书，第287页）派克此段文字写于十七世纪，主要是反对伊丽莎白女王时期的华丽文风，然而反讽的是，派克此段文字却也是比喻性质的。

暂不论"树"、"云"、"灵魂"这三个比喻所阐述的教育意涵是否接近真理。在《什么是教育》一书的首章，雅斯贝尔斯就说出了他心中教育的定义："所谓教育，不过是人对人的主体间灵肉交流活动（尤其是老一代对年轻一代），包括知识内容的传授、生命内涵的领悟、意志行为的规范，（此处原文为顿号，疑为编校错误——笔者注）并通过文化传递功能，将文化遗产交给年轻一代，使他们自由地生成，并启迪其自由天性。"（《什

么是教育》，雅斯贝尔斯著，邹进译，生活·读书·新知三联书店 1991 年版，第 3 页）

其德文原文为：

Erziehen ist, im verhalten von Mensch zu Mensch (insbesondere der älteren zur jüngeren Generation), das Ganze aus Mitteilung von Inhalten, Teilnehmenlassen an Gehalten, Disziplinierung des Verhaltens, das der Jugend die Überlieferung bringen, sie in dieser aus eigenem Ursprung wachsen lassen und zur Möglichkeit ihrer Freiheit hinauftreiben soll.

邹进翻译的《什么是教育》是目前该书唯一的中文版本。这段话是理解雅斯贝尔斯教育理念的关键，邹进的翻译非常精彩，但意译的成分较多，如"灵肉交流"之义在德语原文中并没有，笔者拙见，认为"灵肉交流"这个用法似乎不太妥当，虽然添彩但删去也无妨。笔者试译如下：

教育，是一种人与人之间的交流行为（尤其是老一代对年轻一代），包括全部知识的传授、生命内涵的践行与参悟、日常行为的规训以及将文化传统传承给年轻一代，让他们从原点开始不断生成、发展，并且能够尽其天性地自由向上发展。

这句话主要讲了教育"交流"、"生成"的一面，在雅斯贝尔斯看来，教育还是一种"顿悟"，这种顿悟甚至很难用文字描述，"文字恰恰不能表达出真理在相互思想的现实交往中于一瞬间突然亮相的事实"（《什么是教育》，第 18 页）。"教育是一棵树摇动另一棵树，一朵云推动另一朵云，一个灵魂唤醒另一个灵魂"这三个比喻，恰好也符合在无声的交流中获得生命顿悟这层意涵，想必雅斯贝尔斯也会喜欢这个表达。

但是，雅斯贝尔斯显然会拒绝国人把这段话挂到他名头上的这种以讹传讹。他极为重视思考，他说："如果有人能准确地复述我所说出的一切，并能理解我所思考的事物，然而却从来不准备有些微怀疑精神和自主意识，那么，这样的思考者是可有可无、于事（原文为'世'，疑为编校错误——笔者注）无补的。"（《什么是教育》，第 20 页）同样地，如果我们喜欢引用大哲雅斯贝尔斯的话语，但却没有核对是否其本人所说，那么，这样的引用也肯定是雅斯贝尔斯所不赞同的。作为名言，关键不在是否名人所说，是也未必是真理，否也未必无深义，"怀疑精神和自主意识"总是需要为阅读者和写作者所注意的。教育话语的引用中以讹传讹者还有很多，愿与各位读者一起继续探讨。

# "学生打破老师的头"真相究竟如何？

## ——兼谈滋生类似恶性事件的社会土壤

一

最近，两则新闻同时戳痛了我的心——

一则是《老师狂扇女学生五耳光，打疼多少人不堪回首的青春》。视频里，25秒内女生被连着扇了5个耳光。女老师嘴里不停地骂，频频说出脏话。这事发生在陕西省某中学的课堂上。事后，该中学的校长向记者解释：因为女孩成绩下滑，又背了一个与学生身份不符的时尚包包，老师在教育时就有点"过于冲动"。

另一则是《云南楚雄学生打破老师的头，击碎了多少教师的梦想》。从视频截图可以看到，男教师的头流着血，俯着身子，面前的课桌上已经有四五滴鲜血，头上的鲜血还在不断地流出。现场，班中的学生没有什么动静。这位男教师正在拨弄手机，似乎是在寻找某人的电话号码后要打电话。

对老师扇学生耳光的新闻，好像评论的不多；对"学生打破老师的头"，舆论则再一次掀起谴责的高潮。

如果我们将这段"老师掌掴女生"的视频无限放大，认为所有或至少多数老师都是这样的，显然是不公平的，毕竟课堂上扇学生耳光的老师还是个别的；同样，如果我们因为云南这位老师"被学生打破头"，而认为现在每一位老师都面临生命危险，教育是无限高危的职业，也是片面的，毕竟校园出现类似恶性事件的概率不能算是常态。

其实，就新闻规范而言，关于"学生打破老师的头"这段"视频"有许多信息缺失——时间、地点（哪个学校）、起因、经过等等细节都没有。只有一个结果，就是老师的头在滴血。更关键的是，虽然这条新闻在网上流传时一直说是"视频"，但不少评论文章所附的只是"视频截图"。我反复看了这张截图，画面上还真看不出他被学生所袭的信息。后来，终于看到视频了，但只有39秒，这个视频和那截图一样，看不出任何学生打老师的痕迹。

这也是我迟迟没有撰文评论的原因，我在等待——我希望"让新闻飞一会儿"后，真相能够浮出水面。

二

但真相依然没有到来。

有人说，可能是这位老师在管教顽劣学生时，遭到学生暴力袭击。这种推测虽然主观，但空穴来风并非无因。我想到去年湖南沅江三中的鲍老师居然被自己的学生所杀，那么"学生打破老师的头"虽然"奇葩"，但在当今中国也不是不可能发生的。

但毕竟这只是推测。所以，我特别希望云南楚雄公安局介入此事，认真调查，并给公众一个真相。如果真是学生打破了老师的头，必须根据有关法规予以最严厉的处理。同时，我还是坚持我原来那个观点，尽管未成年人犯法会免于或减轻刑事处分，但其家长应该受到一定的追究——虽然不是法律追究，但可以是行政处理。不负责任的父母应该也必须为自己的家教不严酿成恶果而付出代价。

当然，如果最后的调查结果显示，所谓的"学生打破老师的头"为假新闻，那我收回我上面的"希望"——说实话，我特别希望这是条假新闻，因为我不希望视频截图上那位男老师真的被学生打破了头。

但是，就算这条新闻是假新闻，类似内容的真新闻却并不少见。近年来，教师被学生所辱、所打、所杀的真新闻，也已经不是一次两次了。每次类似事件发生后，人们的愤怒都如火山爆发："师道不存""尊严扫地""教师已经失去了最起码的做人的权利""连生命都不保了，谁还敢当老师"……

作为教师，读到这些宣泄，我很解气，但我知道这没有用——是的，再多的愤怒都没用！孤立地看每一起师生关系的恶性事件，我们都可以谴责，可以悲愤，可以寒心。但过后呢？过不了多久，相似的悲剧再次发生，我们又重复谴责，重复悲愤，重复寒心……"时间永是流逝，街市依旧太平，有限的几个生命，在中国是不算什么的，至多，不过供无恶意的闲人以饭后的谈资，或者给有恶意的闲人作'流言'的种子。至于此外的深的意义，我总觉得很寥寥……"此刻，写到这里，我突然想到鲁迅先生当年在《记念刘和珍君》中的句子。

## 三

无论是体罚学生，还是殴打教师，的确都是个别的极端事件，但这种"极端事件"的土壤是什么？正是教育过程越来越缺乏人情味以及师生之间越来越冷漠的现实，而这种"现实"恐怕就不是个别的存在了。如果师生关系不回归人性、人道和人情，上面所说的那种"极端事件"随时都可能再次发生。

有人说，这都是社会不尊重教师的风气所造成的。这话当然不错，但没说到关键。试问，"社会不尊重"的仅仅是教师吗？医生，警察，以及许多行业的劳动者，难道就被"社会"尊重了吗？这个"社会"不是抽象的，不就是我们每一个人吗？说到底，人人都感到不被尊重，同时人人都不尊重他人——这就是我们所生存的土壤。

因此，如果把视野扩大，从校园推及社会，我们就会发现，教育有问题，但不仅仅是教育的问题。离开了社会谈教育，教育的问题永远得不到根本性解决。所以，从根本上说，产生师生关系"极端事件"更广阔更深厚的土壤是社会。当整个社会人与人之间——医患之间、警民之间、干群之间……都很冷漠而且互不信任时，不改变全体国民缺乏温度的人际关系，单单期待校园师生关系的和谐，恐怕是一厢情愿的天真。

前天，一个朋友在微信群里转发了一段文字，全文如下——

一个陌生男人走到一个8岁女孩的身边，他说："你妈妈有事让我来接你。"女孩说："好啊！密码是什么？"男人愕然，只好灰溜溜地走了。原来，女孩的妈妈会跟她约定一个密码，当妈妈有事不能来接她时，就会让那个来接她的人说出密码，女孩才可以跟他走。聪明的方法，值得推广。转给各位当爹当妈的人。

——让孩子更安全，坏人更无机可乘，有群都发一下，举手之劳，功德无量！

这当然是防止孩子被骗的好办法。虽然知道这种做法很无奈，毕竟拐骗儿童的事件经常发生，有了这些小技巧可能就会让一些儿童获得安全，但我看了以后心里很难受：从什么时候开始，我们人人自危，处处设防，人与人之间互不信任，互相提防？我们对任何陌生人都"有罪推定"，先假设为坏人。城市居民楼家家的阳台都安装防护铁栏，把自己装在铁笼子里，以防范外面世界的侵犯。我们潜意识里，所有陌生人都是骗子、土匪、强盗！

## 四

不得不拿国外作比较。我在许多发达国家的服务窗口前，总是享受着工作人员亲切的微笑和周到的服务；但在国内，在本来也应该有笑脸的窗口，却处处都是一张张冷漠的面孔和不耐烦的语气，只要能够办成事，我们就感恩戴德、谢天谢地了，哪敢奢望笑脸？还是在国外一些发达国家，无论是晨练还是散步，迎面过来的老外，往往都会给你一个微笑："哈罗！"可在国内，哪怕是邻居之间也互不相识，电梯相逢也互不搭理。如果你给陌生人一个微笑，别人怎么看也觉得你不正常，或者"病得不轻"。

官员肯定是腐败分子，医生肯定会收病人红包，教师肯定是"上课不讲课后交钱补讲"，街上有人帮你肯定是骗子……当你不信任别人时，你真诚地对待别人同样被认为是"装"，是"有所图"。于是，不但互不相信，而且一触即发。

搞不懂为什么那么多中国人随时都那么警觉，那么烦躁，那么愤怒，那么时时小心、处处提防，那么"气不打一处来"，那么"老子今天就豁出去了"。许多陌生人之间本来并不认识，彼此却往往有着说不出原因且积蓄已久的仇恨，就差一个引燃的导火索了。不少普通老百姓生怕出事，同时又莫名地盼着别人出事——如果媒体特别是网络媒体，隔三差五不"出点事"即"闹出点动静"，或者用一个比较规范的表述，叫"重大社会新闻"——大家就觉得生活无聊无趣。不是吗？

## 五

当整个社会都互不信任，弥漫着冷漠、充满了戾气时，还能指望校园是"桃花源"吗？既然不是"桃花源"，师生之间时不时发生"暴力事件"——或教师体罚学生，或学生袭击教师，不是很"正常"吗？

在这里，所谓"正常"，之所以加上引号，就说明其实是不正常。

我们都愿意改变——不，不只是作为普通百姓的"我们"希望改变，还有党和国家领导人更希望改变。党的十九大报告明确提出："为把我国建设成为富强民主文明和谐美丽的社会主义现代化强国而奋斗。"中央把"社会主义现代化强国"的内涵通过定语"富强""民主""文明""和谐""美丽"准确地表达了出来，其中"文明""和谐"指向的正是社会风气的改善，而这一目标"奋斗"的结果，正是让中国的每一位公民都能在日常生活中感受到公正、信任、真诚、热情、透明、单纯……

但改造社会土壤绝不仅仅是政府的事，我特别不赞成把一切都推给"体制"，须知"有几流的人民就有几流的政府"。一个国家走向文明进步，一方面当然要靠制度建设——这非常重要，但不是唯一的；另一方面还要靠每一个国民的觉醒和做好自己。从善待自己周围的每一个人开始，从给别人送去举手之劳的温暖开始，从不对任何人毫无依据地"有罪推定"开始，从向迎面而来的陌生人点头微笑开始……哪怕我们曾经被骗，也不因此而怀疑所有人；哪怕我们曾经遭受不公，也不把心里的怨恨转移给其他无辜的人。每一个人都尽量成为"太阳"，这个社会的阴影必然越来越少，"文明""和谐"的阳光就必然会照进我们每一个人的心灵。

今天，我由两则师生暴力事件的新闻——其中一则目前暂时只是传闻，想了这么多，说了这么多，别说我扯得太远，不，社会的进步，国家的进步，乃至人类的进步，都是从我们每一个人开始的。

2018 年 4 月 6 日

# 也应给家长减负

人们在谈到中小学教育时往往会想到学生的课业负担太重，其实孩子父母的负担也不容忽视。

家庭是孩子的第一所学校，父母是孩子的第一任老师。没有成功的家庭教育，孩子就没有成功的未来。但必须强调的是，所谓"家庭教育"，主要不是传授学业，而是教会做人。的确，离开了家庭教育和学校教育的协调配合（简称"家校合作"），就没有完整的教育。所以，家长以某种方式、渠道和程序参与学校教育，不但应该，而且必须。这不是我说的"负担"。

我说的中小学生家长的负担，指的是学校对学生家长强制性的一些摊派，而且这些强制性的摊派大多集中在学生的学业方面，因为这些"摊派"，家长成了教师的助教，成了学校的编外职工，家庭作业成了"家长作业"。因为这些摊派成了负担，家长没有充足的精力从事家庭教育最主要、最重要的工作：孩子体质的锻炼、人格的培养和习惯的养成，等等。

为此，我建议——

第一，采取切实有效的措施，严禁学校对学生家长提出在孩子的作业、试卷等学习类资料上签字的硬性要求。我注意到成都市教育局办公室最近（2018 年 1 月 4 日）以 2018 年 1 号文印发了《关于切实减轻义务教育阶段学生过重课业负担的指导意见》（简称《指导意见》），明确要求教师认真批改作业，不得要求家长批改、检查教师布置的作业并签字。这非常好！但如何落实，如何监督，却缺乏跟进措施。所以我这里的建议主要是呼唤来自行政部门的强有力的执行力量。

第二，采取有效措施，严禁学校将学生的家庭作业转化为"家长作业"。比如，布置家长给孩子出100以内的计算题、批改孩子的各科作业、要求家长给孩子抽背听写，等等。具体的学科教学是教师的本职工作，家长的配合主要体现在督促孩子端正学习态度上。由于不同孩子不同家长有着不同的文化程度，对孩子进行具体的学科知识传授和学习方法指导并不是每一个家长都能胜任的。如果学生的家庭作业成了"家长作业"，不但不能真正提高班级的学习成绩，反而会因为"家长作业"质量的参差不齐而影响学生的学习质量。《指导意见》对此同样有明确的规定，但我希望能够有严肃权威的执行力度，让"严禁"名副其实。

第三，除非特殊情况，严禁学校随便请家长到学校"配合教育"。我说的"特殊情况"，指的是孩子的身体状态出现突发情况，或孩子行为异常严重妨碍教学秩序甚至危及他人的安全，等等。面临这种危急情况，学校及时通知学生家长到校一起处理危机，是必需的。但很多时候，仅仅由于学生没有完成作业、经常迟到、和同学发生纠纷等等问题，就把学生家长请到学校，这样做非常不妥。既对家长不尊重，也影响家长的工作，同时还凸显出教师教育智慧的有限与教育担当的缺失，因而损害了学校教育的声誉和教师的职业尊严。所以，我建议有关部门能够明确规定，严禁学校随意把家长请到学校。

我呼吁减轻中小学生家长的负担，不是弱化家长的教育责任，而是让家长回归自己在教育中应有的位置。学校和教师完全可以也应该给家长提出各种建议，但只能是"建议"与"倡导"，而不能是强制要求。至于家长对孩子的智力开发、兴趣培养、超前学习等方面的自愿自觉行为，那是别人的权利与自由。只要不是学校强迫的，都不在我今天的"建议"范围之内，因为那不是我所说的"负担"。

2018 年 2 月 27 日上午

# "家长，我教育的最大阻力就是你的不信任！"

在丹麦考察教育期间，曾和一位幼儿园老师互动。我们问："你们如何处理和家长的纠纷？"丹麦老师居然听不懂。

我们意识到这可能是一个"中国式问题"，便举例说明："比如，如果孩子在学校出了安全事故，家长来学校闹怎么办？"

丹麦老师很干脆地回答："没有遇到过这样的家长！"

这下该我们听不懂了，问："难道孩子在学校就没有过摔伤之类的情况？"

丹麦老师回答说："我班上曾经有一个小朋友在教室里不慎把腿摔断了，家长来了后第一句话是，老师，是我的孩子不小心造成的，和您没关系！"

我们听了简直想哭！中国教师何曾赢得过家长这样的理解与信任？

相反，中国教师所遭遇的，却是不少（当然不是"所有"但的确是"不少"）家长的种种不信任——

孩子在学校摔伤了，肯定是老师不负责任造成的。他不信任老师已经尽到责任。几十个孩子老师不可能——随时守候，他不管，反正你得看着他的孩子。只要在学校出了事就是你的全责！

孩子成绩下降了，原因还用问吗？肯定是老师没有尽心尽力啊！听说有老师"上课不讲，课后收费讲"，那所有老师肯定都是这样的。难怪我家孩子没考好，原来老师上课根本就没有把知识讲完啊！

一些正当收费——伙食收费、春游收费、校服收费……哪怕自愿且是通过家长委员会出面收费，都是"乱收费"，肯定有"回扣"！连给孩子推荐一部好电影，也怀疑老师和影院有"利益关系"！

开发各种生动有趣的校本课程，组织综合实践活动……有家长不相信这是为了孩子全面发展，反而认为"不务正业"，影响了孩子语数外等科目的应试成绩。由于家长不信任，素质教育无法落到实处。

学校想提高教学效率，而给孩子减负，让孩子有更多的自由空间，发展其兴趣爱好，培养其创造力，但有家长却认为是老师不负责任，甚至还以学校作业少、不补课，而把学校告到教育局！

逢年过节总有家长要给老师送礼，他不相信有真不收礼的老师。如果老师拒绝了他的送礼，他会认为老师嫌送少了送轻了，进而怀疑老师会冷落他的孩子，殊不知他的所为是对正直教师人格的亵渎！

老师改革教学模式，尽量少讲精讲，让学生走上讲台，指导学生自主学习，培养孩子设计作业甚至试题、修改作文等自学能力……有的家长却说："叫我们孩子自己学，要你老师干什么？"

新生分班、安排座位、评优选先……不相信学校和老师讲民主与公正，总觉得有"猫腻"。而他们的评判标准都是以自己孩子为尺度：只要他不同意，就是"不民主"；只要他没得利，就是"不公正"。

……

如果时间和篇幅允许，这样的例子我可以继续写下去，源源不断。

不信任老师的家长可能遇到过不值得信任的老师——的确有不负责任的老师，的确有以教改为幌子而放松教学的老师，的确有收礼的老师，的确有"以教谋私"的老师……这是造成部分家长不信任学校和老师的重要原因。再往大里说，当整个社会人与人之间都普遍弥漫着互不信任的风气时，学校焉能是真空？因此想让每一位老师赢得所有家长的充分信任，这是有待实现的"中国梦"。

但没有家长对学校和老师的起码信任，又哪有真正的教育？

不能因为遇到过一次小偷，便怀疑所有人都是贼；不能因为遇到过不良教师，便怀疑所有教师都是"眼镜蛇"。作为从业 36 年的老教师，我可以摸着胸口负责任地说，相比起其他行业，教师和医生、警察一样，是最富良知的从业者之一！学校当然也有败类，但因此而让绝大多数善良、正直、敬业、智慧的老师背黑锅是不公正的，一颗颗真诚的教育心却不被信任，是令人心寒的。

由于不信任，源于"有罪推定"，不负责任的匿名"举报"成了校长和老师最大的恐惧，也成了校园最大的"恐怖事件"！

不久前，一位年轻教师对我说："我那么真诚地爱着孩子们，可就因为年轻，一些家长总是不信任我，无论是学科教学，还是班级管理，我怎么做他们都不满意！我对孩子们宽松一些，他们说我不严格要求；可我在课堂上严厉批评了一个违纪的孩子，他的爸爸居然给教育局写举报信，说我伤了他儿子的自尊心！三年前我刚刚参加教育工作时的热情现在已经减了一大半，因为一想起有些家长我就提不起劲了；有时候也有宏图大志，想在班级管理和课堂教学方面有一些改革和创新，可一想到有些家长横挑鼻子竖挑眼，我什么都不想做了。每次面对家长的无端指责时，我在心里大声喊：'家长，我教育的最大阻力就是你的不信任！'"

这位年轻教师的激愤诉说，值得每一位学生家长深思。

我想真诚地对每一位家长朋友说，您那么爱孩子，就一定要爱他的老师；您那么信任孩子，就一定要信任他的老师；因为您对孩子老师的爱和信任，能够转化为孩子对老师的爱和信任；而只有感受到爱和信任的老师，才最有热情和智慧！

苏霍姆林斯基曾说："对人的热情，对人的信任，形象点说，是爱抚、温存的翅膀赖以飞翔的空气。"那我可不可以这样说，没有对老师的热情、信任，就难有爱和温存，教育的翅膀就失去了"赖以飞翔的空气"？

2018 年 5 月 22 日凌晨 0:45 写毕

# 茶余碎想

偶有想法，无暇成文。随手记下，斑驳呈现。点点滴滴，丝丝缕缕。教育观察，社会关注；热点评论，心绪抒发。不图全面，但求真诚。一鳞半爪，三言两语；说三道四，杂七杂八；四面树敌，八面威风……故名之曰："茶余碎想"。

——题记

## 一

用心灵赢得心灵，不只是教育的条件，更是教育本身：当我们自然而然地走进后进学生的心灵，而他们也乐于主动向我们敞开心扉时，我们的教育之舟便已驶入了成功的港湾。

## 二

考察"家教"一词含义的演变是很有意思的。以前，"家教"是"家庭教养"的简称；而现在，"家教"成了"家庭教师"的简称。由重人品到重知识，从"家教"一词含义的演变，我们可以看到人们"家庭教育"观念可怕的变化。

## 三

人格，是无声却有效的教育。如果千千万万的父母，都能够以自己的言行去感染孩子，让孩子点点滴滴地学会做人，富有教养，这就是最好的家庭教育。

## 四

别老把自己的孩子当天才，也别把孩子的好成绩寄托在拳头上，这两种做法都会严重损害孩子的自信心，会使孩子产生厌学心态。

## 五

不要渲染升学考试的恐怖，这样只会让孩子丧失学习的斗志。一方面不要一味批评孩子没出息，这样的家长首先没有理解孩子，而没有理解孩子就不可能真正走进孩子的心，也就谈不上有效地引导。另一方面也不要和孩子一起唉声叹气，这样做，倒是"理解"孩子了，却不能解决孩子的任何问题，相反只会增加孩子对考试的厌恶。

## 六

给孩子树立这样的观念："让人们因我的存在而感到幸福"；人生的价值不是你拥有多少，而是你留下多少；只有善良能够带来终生的幸福。让孩子在为他人服务的过程中感到快乐。最好每天都问问放学回家的孩子："你今天给别人做了什么？"

## 七

千万不可为特色而特色，更不可为了所谓"品牌"而急功近利。一个学校，有特色有品牌固然好，但如果孩子快乐教师幸福，暂时没有特色没有品牌也不要紧。

## 八

本色比特色更美丽，品位比品牌更珍贵，过程比结果更快乐，幸福比优秀更重要。

## 九

我主张校长少听课，多谈心。"少听课"不是不听课——作为内行的校长，听课也是必要的；但我更主张"转课"，通过窗外转课，了解课堂气氛，观察师生互动，足够了。多谈心就是把听课时间省下来，用于和老师一对一的促膝聊天，聊教学，聊教育，聊读书，聊写作，聊社会，聊人生，聊教师某个值得反思的案例，聊学校管理还有哪些不足，聊教师最需要校长帮助的困难……

## 十

我建议各种优秀教师表彰会上，颁奖人由领导改为孩子——就是说，让孩子给老师颁发奖状。这是一种象征：教师的幸福与光荣是孩子们给的，而不是领导给的。只有走近、走进并因此赢得孩子的心，教师才有来自职业、源于童心的尊严。离开了孩子，教师就不会有真正的荣誉。是的，不必用堆叠的证书来证明教师的成功，每一个教师的光荣，其实就印刻在孩子们对教师温馨而富有人情味的不灭记忆中。

## 十一

校长不必以自己的课上得比下属好来证明自己，教师也不必用能够当上校长来证明自己。校长是成功者，教师同样是成功者。我们既要思考如何把教师培养成校长——如果这位教师的确有这方面的潜质同时他又愿意的话，还要思考如何让优秀的教师永远是教师，并且越来越优秀，同时也越来越幸福！

## 十二

每年高考结束后，都会有一些类似"最牛实验班"的"高考辉煌"在网上刷屏。

比如某天，我看到一张图片上显示，某省实验中学 2018 届一班录取结果：4 个北大、3 个清华、5 个复旦、5 个上交、5 个浙大、4 个科大、3 个南大……

面对这样的"捷报"，我总想问一句："生源如何？"

当然校方从来不会回答"生源如何"的问题，甚至从来不会提"生源"。但内行人都知道，创造这样的"高考奇迹"都是以一流的生源为前提的。

作为非义务教育阶段，高中招生是允许择优的，只要不是不择手段去挖"优质生源"，而是按正常的程序择优录取，这样"择优"是无可指责的。但"掐尖"后你不要吹嘘是你"实验"的结果，这些孩子的天赋这么高，"实验"不"实验"都会考上清华、北大的。

不信，你把最后几十名学生拿来"实验"一番，如果也考上了清华、北大，我就算你真牛！

敢试试吗？估计没人敢。

## 十三

7 月 21 日在乐山为学生上"最后一课"前，我就估计会引起一定的舆论关注，毕竟"镇西茶馆"有那么多关注者，但反响如此广泛而强烈——上了央视，上了《人民日报》……却超出了我的意料。

按我的本意，我是不想"把动静闹大"的，毕竟不过只是我和学生的一堂课而已。但现在有了这么大的反响，我也很开心。

我早已过了"追名逐利"的年龄了，我现在上一次媒体又不会为我晋升职称或评优选先"加分"，但通过有关这次"最后一课"的媒体报道，至少可以给公众一个真实的信息——当老师是可以这样当的，而这样当老师是可以幸福的。

由于种种原因，不知从什么时候开始，教师在某些人眼里成了一个很凄惨的职业。当然，待遇低下，工作繁重，环境恶劣……这都是事实，都需要我们通过不懈努力而改变，但欢笑、情趣、浪漫、春暖花开、诗情画意、迎面吹来凉爽的风……这也是教育的颜色。

那天在乐山的最后一堂课上，我对学生说："我这一辈子就做了一件事：教书。我最得意的，就是我的职业和我的爱好完全融为一体。"回想 20 多年前、30 多年前，我一样遇到过"种种不公"，我做了那么多的事——用今天的话来说，就是"充满改革气息""富有创造精神"，然而入党、提干、评优……通通和我没关系；我也遇到过把我气得发抖的学生和蛮不讲理的家长，但我从来没有因此影响过我的工作情绪，更不会因此辞职。

这是我自己的事，无关"入党""提干""评优"，也和遇到什么学生和家长没有关系……来自教育的成就感就是对我最大的激励，来自学生的爱戴就是对我最大的奖励。

关键在于要有高度的职业认同。


## 十四


教育是心灵的艺术。

如果我们承认教育的对象是活生生的人，那么教育过程便绝不仅仅是一种技巧的施展，而应该充满人情味；教育的每一个环节都应该充满着对人的理解、尊重和感染，应该体现出民主与平等的现代意识。

虽然就学科知识、专业能力、认知水平来说，教师远在学生之上，但就人格而言，师生之间是天然平等的；教师和学生不但是在人格上、感情上平等的朋友，而且也是在求知道路上共同探索前进的平等的志同道合者。

## 十五

人们常常用"不想当元帅的士兵不是好士兵"这句话来励志。但这句话不适于教师。

想想，如果一个老师对自己说"不想当教育部长的老师不是好老师"，这不很滑稽吗？

有人也许会说："教师心目中的'元帅'并非教育部长，而是教育家。"可是，为什么一定要用"教育家"去衡量评判一个教师的卓越和成功呢？一辈子做一个深受孩子爱戴的普通而幸福的老师，不也很好吗？

## 十六

吕叔湘说："教育的性质类似于农业，而绝对不像工业。"

叶圣陶补充说："办教育的确跟种庄稼相仿。……所谓办教育，最主要的就是给受教育者提供充分的合适的条件。"

吴康宁说："教育毕竟不是农业。学生和农作物有着本质的不同，教师和农民也有根本的区别，教师和学生的关系不同于农民和农作物的关系，教育效果的影响因素与农业收成的影响因素具有不同的复杂性。"

我说，上面三位先生说的都对。他们的论述构成了对教育更全面更科学的理解。

语言总是有局限性的。都说语言是思维的外衣，可我们常常感到"语言"这件"思维"的外衣捉襟见肘。

因为我们的每一句话都有着特定的针对性和目的性，所以不可能面面俱到。在教育越来越工业化、越来越功利化的时代，吕叔湘和叶圣陶提醒人们："教育是农业而不是工业。"一点错都没有。并不能因此得出他们没有把学生当人而当成了农作物的结论。

但是，当有老师片面地理解教育，以为教育真的就是"静待花开"那么简单省事儿，吴教授的提醒就显得尤为必要。

所以，不同时空针对不同问题而提出的观点，看似对立，其实是互补。

## 十七

我还想到对教师的一些比喻："蜡烛""春蚕""园丁""导演""导游""摆渡人"……

如果说这些比喻曾经是一种"时尚"，那么现在否定这些比喻则成为一种"时髦"。太多的文章宣称："教师不是蜡烛，不是春蚕……教师就是教师！"

貌似很有个性。

但我们忘记了比喻这种修辞手法的特点，就是"取其一点，不及其余"。也就是说任何比喻，仅仅是在"某一点"上才能显示其合理性，如果你要无限放大这个比喻的含义，必然很荒唐。

说教师是"蜡烛""春蚕"，仅仅是说明教师职业具有奉献的性质，宛如蜡烛和春蚕。这错了吗？没有错。否认了教师工作的奉献，就否认了教育这个职业。但如果你非要理解成教师只能如蜡烛和春蚕一样最后慢慢耗尽自己的生命，那当然很荒唐。但这不是比喻的荒唐，而是你不懂比喻造成的荒唐。

"姑娘好像花儿一样。"我还没听到谁质疑歌曲《我的祖国》中这句歌词。如果有人愤然质疑："姑娘怎么能是'花儿'呢？她是活生生的人！她有自己的丰富思想、美好情感、独立意志和自由人格，怎么能像花儿一样被动地任人欣赏呢？这简直是对美丽姑娘的侮辱！"

面对这样的"雄辩"，我们说什么好呢？

唯有哭笑不得，或哑然失笑。

## 十八

翻开报刊，浏览文章题目，我感到中国教育已经进入"核爆炸"时代——

"基于核心素养的课程开发""基于核心素养的课堂对话""基于核心素养的班级教育""基于核心素养的考试改革""基于核心素养的教师培训""基于核心素养的教学设计""基于核心素养的学校管理""基于核心素养的家庭教育""基于核心素养的学校文化打造""基于核心素养的教研组建设"……

言必称"核心素养"，而且还必须与"基于"搭配。离开了"基于核心素养"就不会说话了吗？

表现力丰富的汉语在这里显出了"词穷"。

但这显然不是汉语的悲哀。

## 十九

孩子每一天的故事不可逆转，教师每一天的生命也不可重现——教育的严酷与责任都在于此。读懂孩子，并和孩子一起愉悦而谨慎地编织故事，让教师和孩子的生命互相重叠与交相辉映。

这是教育的意义和幸福所在。

## 二十

李克强总理主持政府座谈会，听取对《政府工作报告》的意见和建议。

轮到黄渤代表发言了，李克强说："黄渤同志，你的稿子我已经看过了，你不用念稿子，就讲你最想说的。"

为李克强总理点赞！

可现在，明明讲话稿与会者已经人手一份了，讲话人依然照着念稿子，完全把与会者当文盲。这种现象绝非个别。

因此，所谓"领导讲话"，应该是"领导读话"。

还有更滑稽的。连主持人说话，都是照着提前写好的稿子念。报告还没开始，但主持人手里的"主持词"里已经有评价了："刚才，××同志的报告，高屋建瓴，生动形象……"只待报告结束，他就照着读。

我盼望着，所有的大会，凡是下发了稿子的，报告者或演讲者都不要念稿子；而主持人的评价，都是对每一次报告（演讲）的"私人订制"。

## 二十一

有时候看穿某些东西，判断正误是非，并不需要知道什么"内幕秘闻"，也不需要什么"理论水平"，只需要两点就够了——常识和良知。

## 二十二

最近在网上看到一则消息——

江苏一家公办学校的家长们要求老师给孩子补课，既不能让老师白干活，又不能给老师惹麻烦，家长们想出了一个"好办法"：由家长委员会找场地、看场地，并组织收费，然后将补课费"捐赠"给老师个人。

然而纸包不住火，被举报发现后，老师和学校面临处罚。家长们情绪激动地表示："你们敢动老师，我们就去上访！"对此，当地相关主管部门束手无策，只得将此事上报，随后处理意见搁置。

所谓"教改"，所谓"减负"，在这样的"理解"和"支持"老师的家长面前，统统等于零。教育、学校、教师，就是这样被绑架的。

所以当家长在责怪学校"加重孩子负担"的时候，请不要把矛头对准老师，因为很多时候，其实你们才是"应试教育"的主力军。

当然，也许家长也有其无奈，里面还有更深层次的原因。这个"无解"谁能解？

## 二十三

对学校寄予厚望的家长们，首先应该把这"厚望"还给自己，因为你对孩子的教育有多么成功，你的孩子就会有多么优秀。在决定孩子成才的因素中，学校教育永远是第二位的。学校教育当然重要，但无论多么重要，它只是家庭教育的重要补充。

## 二十四

人格，是无声却有效的教育。如果千千万万的父母，都能够以自己的言行去感染孩子，让孩子点点滴滴地学会做人，富有教养，这就是最好的家庭教育。

## 二十五

对于婴幼儿来说，智力开发最好是从培养孩子的想象力开始。想象力在某种意义上可以说是一种创造力——至少可以这样说，没有想象力就意味着创造力的贫乏。幼儿时期是想象力表现最活跃的时期，任何一个幼儿都是天生的"诗人"。幼儿的想象力是其探索活动和创新活动的基础，可以毫不夸张地说，一切创新都是从想象开始的。

## 二十六

一些家庭教育专家不主张把孩子交给老人带，因为老人往往溺爱孩子。我觉得恐怕不能这么绝对地说。这里的关键是，同样作为教育者的老人，是否具备教育者应有的素养——博学、善良、豁达以及具有平等民主意识和现代教育理念？是的，父母对子女的亲情感染和教育作用是爷爷奶奶们无法取代的。但对孩子来说，爷爷奶奶也是一种非常珍贵的家庭教育资源。这种资源，同样是父母的教育无法取代的。

## 二十七

做最好的家长，并不一定是把孩子培养得光环耀眼、功成名就，而是让孩子成为最好的自己，让他用自己的人格魅力和学识能力，赢得幸福快乐的人生！

## 二十八

一切都源于"攀比"，不光与邻居或同事的孩子比，还与书上的神童比，越比越觉得自己的孩子不如别人的孩子，这样一来，家长丧气，孩子也灰心。为什么不换一种比法呢？这就是发现自己孩子独一无二的优势，觉得自己的孩子比别人强。我始终认为，每一个家长都要欣赏自己的孩子，这是培养优秀孩子的前提。

## 二十九

每天让孩子坚持做一件他不喜欢但应该也必须去做的小事，这就是最好的"磨难教育"。

## 三十

对刚进小学的孩子，保护他对学习的兴趣、信心和快乐感，是第一重要的。每一个人都是一个独特的宇宙，每一个家长都要欣赏自己的孩子，发现自己孩子独一无二的优势，这是培养优秀孩子的前提。

## 三十一

孩子考出了好成绩，要热情地祝贺，同时要允许孩子下次考试失败。

孩子这次考得好，意味着下次考试背负着好成绩的压力，所以家长要在这时给孩子减压，让孩子有持续的好的学习心态。

## 三十二

米脂砍杀学生事件，令人发指。

但舆论有两点让我不安——

第一，我最早看到的报道标题是《米脂警方通报伤害学生案件：嫌疑人称曾在校受欺负》。

这个标题明显误导。潜台词是什么呢？就是嫌疑人其实是个受害者，他"曾在校受欺负"所以才有今天的血案。

记者通过这个标题所不经意表达的倾向性太露骨了。

第二，社会再次把矛头对准学校教育，大谈学校教育的"失败"：爱的教育的缺失、心理健康教育的薄弱、安防设施的漏洞……总之，全社会再次对学校教育穷追猛打。

从教育找原因一点错都没有。但别忘了，教育不仅仅是学校教育，还有家庭教育和社会教育。学校当然应该反思，这是没问题的，但该反思的难道仅仅是学校吗？

## 三十三

对有爱心和智慧的老师来说，每个特殊孩子都是教育资源，每次突发事件都是教育契机，每道教育难题都是科研课题。

## 三十四

威信不是靠"威力"建立，而是靠心灵赢得。已经有很多性格温柔的优秀老师以自己成功的教育证明，"以柔克刚"同样可以获得教育的成功。当然，这需要智慧。

## 三十五

我同意"好的关系就是好的教育"这个理念。师生之间、亲子之间重要的是"关系"——这是一种特定的关系，是教育性的，但又不是处处暴露"教育性"。师生（如果就家庭教育而言，则是父母和孩子）在日常生活交往的每一个细节都蕴含着深刻的教育性但又不知不觉。这种教育潜藏在关系之中，同时这种关系本身就是一种教育，而更重要的——这种教育就是生活本身！

## 三十六

我特别提倡"非功利谈心"，即"不为什么"的聊天。非功利性的谈心更能让我们自然而然走进学生的心灵，并产生积极的影响。这样的谈心，几乎什么都可以涉及：阅读热点、人文话题、科技视野、体育新闻、社会现象、旅游趣闻等等，漫无边际、海阔天空、纵横天下、驰骋古今。这种"不为什么"的聊天最容易展示出教育者的善良、真诚、热情、平等、民主、幽默、博学等人格魅力，进而影响学生的心灵。

## 三十七

我们培养的多是"为别人而存在"的孩子：为老师的表扬、为家长的奖励、为成年人的种种期待与愿望而"成为好人"。但夏山学校的目的是让孩子成为自己，成长为能够对自己负责的主人。所谓"对自己负责"就意味着，你犯了错误就得承担相应的责任，并付出代价；同时，你的成长过程中所要做的一切都是自己的事，比如上不上课，这与老师无关，与家长无关，与别人无关，只和你自己有关。

## 三十八

教育的品质是真实，教师的品质是诚实。一切弄虚作假都是反教育的。

## 三十九

惩罚学生是教师不可剥夺的教育权利之一。但惩罚不是体罚。而且有效教育惩罚必须同真诚细致的心灵沟通相结合，才能真正有效。

## 四十

鼓励不能变成哄骗。比起一味用"你真棒"掩饰学生明显的错误，真诚而直率地指正，更有利于孩子成长。

## 四十一

从《第 56 号教室的奇迹》的作者雷夫老师那里，我们看不到所谓"职业倦怠"，他对教育始终充满热诚，这与其说是源于一种责任感，不如说是源于一种宗教般的情怀。因为这种情怀，他因此而快乐，当然也就无所谓倦怠。因此，我认为对于教育者来说，比敬业更重要的是使命，比使命更重要的是快乐。

## 四十二

傍晚，一位朋友在微信上发给我一张书的封面图，问我是否"倾情推荐"了这本书。

我一看书的封面上赫然印着"于漪 顾之川 李镇西 程红兵 程翔倾情推荐"。

我蒙了。该书叫《作文通法》，我没读过。出版社为"北方妇女儿童出版社"，我和该出版社没有任何联系啊！

我赶紧在微信上问程红兵，是否"倾情推荐"过这本书？

他回答很干脆："根本没有！"

看来，我们都被"倾情"了。

在此，请问北方妇女儿童出版社：你们为什么要如此侵犯我们的权利？

我和程红兵都等着你们的回答。

## 四十三

师生之间人格的相遇、精神的交往、心灵的理解，便创造了也分享了真正的教育。这种教育，同时也是师生双方的生活，是他们成长的历程乃至生命的流程。

## 四十四

培养学生的思考能力，符合时代发展的需要。因为教会学生思考，其更深远的意义在于为学生未来的人生播撒科学精神的种子，为我们国家的未来造就民族振兴的栋梁。科学精神最重要的内涵之一便是怀疑精神——怀疑不是否定，而是不迷信。从人类文明史上看，怀疑是创造的起跑线，是科学的助产士，是真理的磨刀石。如果我们的学生没有起码的思考能力和怀疑勇气，他们就不可能真正成为未来中国物质文明和精神文明的创造者，更无力迎接国际竞争的挑战。这将是中华民族的悲哀！

## 四十五

让管理充满人性，核心是对教师的信任与尊重。尽管现在高喊"以人为本"的校长也不少，但有的校长往往只把"以人为本"作为对教师的要求，而恰恰忘记了教师也是人。君不见，有的校长把学校当成自己的私人庄园或者是自己投资开办的企业，动辄以"下岗"来威胁教师；他们要求教师对学生要尊重要有爱心，可他们对教师却既不尊重更没有爱心。现在社会上对不正常的师生关系提出了许多批评；而我认为，不正常的师生关系往往是不正常的校长教师关系的延续。没有平等民主的校长教师关系，要想有平等民主的师生关系，无异于缘木求鱼。

## 四十六

当领导的经常对教师说要"以人为本"，也就是说要以学生为本；但领导在管理中是否也以教师为本呢？因此，我认为，"以人为本"的"人"不但包括学生也包括教师。只有领导以教师为本，教师才能以学生为本！

## 四十七

哪怕是和应试联系最紧密的课堂教学，只要方法科学，也完全可以让孩子们接受知识培养能力的过程充满快乐。所谓"方法科学"，就是遵循学生的认知规律，符合学生的接受心理。用大白话来表述就是，把教师"教"的过程变成学生"学"的过程；或者说，教师的"教"服务于学生的"学"，让"教"和"学"达到和谐的统一。

## 四十八

过去的课堂，都是教师一个人滔滔不绝地讲，讲得再多再好，学生不会，等于零。我们现在要转变观念，把课堂还给学生，让学生成为学习的主人。我从教多年，发现优秀学生都有个特点，喜欢给同学讲题。人们往往只是单纯从助人为乐的角度表扬这些优秀学生，其实，从学习方法上看，最好的学习，就是给别人讲，而且是不停地讲。这是个常识。这个常识很深刻，也很朴素。多年来我们把这个常识给忘记了，不停地给学生讲，却不让学生讲。于是，知识在我们教师头脑里记得越来越深刻，学生却什么都没记住。现在我们要倒过来，放手让学生在课堂上讲，教会他们讲，创造条件让他们讲。

## 四十九

学生思考的火花只有用教师思考的火花去点燃。我们不能设想，一个迷信权威、毫无创见的教师，会培养出敢于质疑、富于创新的学生。所以，对学生最好的指导，莫过于教师在教学过程中的示范。

## 五十

傍晚，在小区门外遇到一位尊敬的长辈。她拎着小书包匆匆地走着。

一问，得知她是去接孙女儿的。"因为孙女儿在一家机构补语文。"她说。

我吃了一惊："你孙女儿才小学二年级，竟然需要补语文？补的什么语文啊？"

她给我一张试卷，上面有"古诗填空""辨字组词"之类的考题。

我说："快别叫你孙女儿补语文了！我作为一名语文特级教师可以负责任地说，数理化以及英语等学科是可以补习的，但语文根本没有补习的必要。我教了36年的书，从来没有给任何人补习过语文，因为我不知道语文如何补习！如果孩子的语文弱，就多读多背多写，语文能力自然提高。"

她说："好，我让孙女儿把今天的课上完，下次不去了。"

我又指着试卷说："所谓补习，不过是刷题，把古典诗词变成试题让孩子做。唉，孩子对唐诗宋词本来有兴趣的，可能就是因为这些补习而败坏了！"

我不简单地反对社会上的补习机构，毕竟也有学习弱的孩子需要学校以外的适当补习，这也是因材施教，但我反对一个班一个班"成建制"去补习，也反对小学中低年级的孩子去"补习"。

二年级的孩子啊，可怜！

## 五十一

我们评价一个老师，往往看他的职称、著作、课题、知名度、影响力……

可孩子评价一个他们认为的"好老师"却很简单："他很爱我们""她的课很有趣""他喜欢和我们一起玩儿""她长得很美""他从不拖堂""她的声音很好听""我愿意对他说悄悄话""她从不用'请家长'来吓唬我们"……

所谓"全国名师"，所谓"主持过许多重大课题"，所谓"有很强的科研能力"等等，对孩子来说，没有多大意义；孩子最在乎的，就是这个老师有没有爱心，课上得好不好。当然，"有没有爱心""课上得好不好"，不是抽象的，而是呈现于和孩子交往的许多细节中。

我刚当校长不久，收到一封全班学生签名的信，孩子们恳请学校："让邓老师休完产假回到学校后能够继续教我们班！"当时我还没见过邓老师，但我读了这封信便断定，这是一位优秀的老师，尽管她或许没有什么"荣誉称号"，但孩子们依恋她，这就是她优秀的最好证明。

所以我常常想，作为校长，作为局长，作为上级评价部门，在判断一个老师是否优秀时，恐怕不应该仅仅看冷冰冰的"证书"，更应该看孩子和老师是否有着真诚的互相依恋。

因为苏霍姆林斯基说过："对孩子的依恋之情，这是教育修养中起决定作用的品质。"

## 五十二

有媒体报道，安徽怀远县一小学副班长受贿几万元。作为一名副班长，他拥有检查作业、监督背书的权力——他说谁做了作业谁就做了，他说谁背了课文谁就背了。这小小的权力便是"腐败的口子"。

这当然不是普遍现象，但依然让人震惊，因为一个小学副班长受贿几万元，已经超出我们的想象力了。

仔细一想，又觉得不奇怪。孩子的所有问题，都是成人的问题，学校和班级不过是国家与社会的缩影。

以前我曾经对"反腐从娃娃抓起"的说法不以为然，现在深以为然。

## 五十三

什么叫"优质教育"？

在高素质优秀教师到位的前提下，学校越办越小，班额越来越少，教育自然"优质"。

## 五十四

有传闻说最近颁布的《中共中央国务院关于全面深化新时代教师队伍建设改革的意见》说了，"教师事业编制取消，变成公务员编制"云云。

但我逐字逐句读完这个文件，根本没有这个表述，类似的提法也没有。所谓"教师事业编制取消，变成公务员编制"，如果不是误解，就是胡说。

难道教师真的就那么想成为"公务员编制"吗？未必。

如果真的把教师编制都变成公务员编制，估计多数教师不会同意，因为一旦成为"公务员"，教师职业的自由性质将被淡化。现在国家对公务员的管理是很严格的，许多这个不准那个不准。如果把这些规定都用于管理教师，估计好多老师受不了。

其实，是不是"公务员"并不重要，重要的是把中共中央、国务院这句话真正落到实处："确保义务教育教师平均工资收入水平不低于当地公务员平均工资收入水平。"

来点儿实惠的！

## 五十五

今天看到一篇报道，说的是一位"高考状元"的成长经历。文章竭力渲染这个孩子如何"学得轻松"，说他从不熬夜，兴趣广泛，会弹钢琴、绘画、写书法……特别喜欢运动，"平时放学后，在家玩儿的时间远远超过学习时间"云云。

由此说明"素质教育其实同样可以取得优异的高考成绩"。

我看后就想，记者怎么不说这孩子的天赋是多么的出类拔萃呢？

## 五十六

维也纳童声合唱团的孩子们演唱的《我爱你，中国》，真是太棒了！令人落泪。

难怪成立 500 多年的维也纳童声合唱团会被联合国教科文组织列为世界非物质文化遗产。

不过我想，如果是一群中国人唱《我爱你，奥地利》，或《我爱你，美国》，多半会被一些"爱国同胞"斥为"崇洋媚外"；若是唱《我爱你，日本》，那更是会被骂为"汉奸"了。

## 五十七

一位朋友告诉我，一次她坐人力三轮车，师傅一路都在骂贪官。到了目的地，朋友下车后问他："如果你当了官会贪吗？"师傅不假思索地回答："那当然要贪了，不然我当官干什么？"我朋友说："你这一路白骂了！"

刚好读到一篇文章，推荐给大家，建议去网上搜索:《说贪官祸国殃民，人民又有多干净？》

作者认为，腐败意识其实存在于广大痛骂贪官的民众当中:"贪官的贪欲很强，贪赃、受贿，损公肥私、损人利己，总是希望享受特权，但是，不是官，不是吏，不是公务员，难道就没有贪欲？就奉公守法，就不觊觎特权？"

还不只是"意识"，而且还有行为："无论什么人，一遇事首先想到的仍旧是如何走后门，依然是怎样找关系、托人情。看病、求职、评职称、要项目、打官司、处理交通事故，哪一样不想通过关系获得比别人多的'特权'，高别人一等？在受托的人中，很多就是普通医生、普通司法人员、机关基层公务员，在单位里他们都被称作'群众'，而托的人很多也是民。无论是托民还是托官，利益输送都是少不了的。"

这些话听起来很不舒服，但说得很准确。

不得不羞愧地承认，我有时候就是其中的一员。

因此，扭转社会风气，不只是抓贪官，还要提升我们自己的素质，从自己做起，从小事做起。当我们努力让自己正直起来的时候，我们就成为光明中国的一部分。

## 五十八

网上有一个著名的段子——

有的人，你跟他讲道理，他跟你耍流氓；你跟他耍流氓，他跟你讲法制；你跟他讲法制，他跟你讲政治；你跟他讲政治，他跟你讲国情；你跟他讲国情，他跟你讲接轨；你跟他讲接轨，他跟你讲文化；你跟他讲文化，他跟你讲老子；你跟他讲老子，他跟你装孙子；你跟他装孙子，他跟你讲道理……

我发现某些所谓的"教师"也是如此——

你跟他讲提高待遇，他跟你讲教师素质；你跟他讲教师素质，他跟你讲师范生源；你跟他讲师范生源，他跟你讲教育体制；你跟他讲教育体制，他跟你讲道德情怀；你跟他讲道德情怀，他跟你讲提高待遇……

## 五十九

在今年"两会"答记者问时，教育部部长陈宝生说："老师要按照大纲足额授课，绝不允许课上不讲课下讲、课上少讲课后讲，甚至鼓励引导学生参加培训。"

这几句话引起了许多老师的不满，他们认为根本就没有所谓"课上不讲课下讲"的现象，陈部长这么一说，等于公开承认有这种现象。

其实陈部长这么说并没有错。教师队伍中确有个别人有此行为。虽然这并非普遍现象。

可有人却抓住这个别现象肆意中伤教师形象，居然还杜撰出一个词——"师腐"，把教师群体"一锅端"，全归为"师腐分子"！

这是用心恶毒地污蔑，是对绝大多数有良知教师的诋毁！

有没有"课上不讲课下讲"的老师？据我所知是有的，但这绝对是少数。哪个行业敢说没有个别败类？因个别害群之马，便如此诽谤整个教师群体，说轻些叫"无耻"，说重些叫"无耻之尤"！

# 六十

学生心灵深处美好道德的萌芽，是学生自我教育的内在依据。但是，对后进学生而言，这些"萌芽"往往被各种缺点的"杂草"掩盖着。教育者的明智和机智，在于引导后进学生经常进行"灵魂的搏斗"——不但善于发现自己的可贵之处，更勇于用"高尚的'我'"战胜"卑下的'我'"。

# 六十一

必须指出，后进学生的"自我教育"很难一劳永逸，相反，这是一个充满反复的长期教育过程。教育者期望通过一次谈心、家访、班会或听英模报告，便使后进学生从此成为一名优秀生，无疑是把教育想得太简单了。"犯错—认错—改错—又犯错—又认错……"这是后进学生普遍存在的循环。教师因此斥责学生"屡教不改""光说不做""本性难移"等等，是极不公正的。教育者应该容忍后进学生的一次次"旧病复发"，与此同时，又继续充满热情和信心地鼓励学生一次次战胜自己，并引导学生从自己"犯错周期"的逐步延长或者错误程度的逐渐减轻的过程中，看到自己点点滴滴的进步，体验进步的快乐，进而增强继续进步的信心。

## 六十二

当今中国，动辄骂别人"汉奸"的，其人本身就可疑。

## 六十三

6月8日，深圳交警铁骑队员在搭载一名学生到考点时，天上下起了雨。交警为考生提供了雨衣，但考生下车时衣服还是被淋湿了。结果该考生的家长竟然打了110报警电话投诉护送交警，说交警把他小孩的衣服搞湿了。

所幸深圳市公安局交警支队通过官方微博对此事进行了回复："查清了！要隆重表扬！"

看了这条新闻，我惊奇得眼珠子都要掉出来了！奇葩的事我见过不少，但如此奇葩的"举报"，我还是第一次听说。我想到了"农夫与蛇"的寓言。

我真想问问这位"奇葩家长"：你的良心被狗吃了吗？

"护送考生"并非交警的职责，"提供雨衣"更是交警的"多此一举"。但正是这"多此一举"展示了他们的善良和为人民服务的品质。我向深圳交警致敬！

同时，我还要呼吁全社会，减少对高考生的关注，减少对他们的过度关心。不知从什么时候开始，每年的高考生成了至高无上的"皇帝"，享受着各种尊贵的服务：有的城市出租车免费送考生去考场，身份证或准考证落家里了有交警开着摩托车送他回家拿，走错了考场也有人送他们去新考场……据媒体报道，6月8日，"罗湖交警大队铁骑队当天早上共护送了14名考生赶到考点"。

这14名考生可都是年满18岁的成年人了呀！他们完全有能力为自己的行为以及后果负责，凭什么要交警送到考点？什么"把准考证落家里了"，还有"走错考场"之类，这样丢三落四、稀里糊涂、对自己毫不负责的青年，就是近几年人们常说的"巨婴"吧？这样的"巨婴"考上大学又怎样？

除非身体突发疾病或遇到其他非常特殊的情况，交警和社会其他部门都没有必要那么无微不至地"关心"考生。

减少了这些"关心"，还会有送了考生反被举报的家长吗？

## 六十四

有人说："'孩子，你可以不成功'是一碗毒鸡汤！"

有人说："孩子，你只有成功才能改变命运！"

两句话都正确。因为两句话都有特定的针对性，而且各自对"成功"的理解并不统一。

遗憾的是，类似的辩论常常发生。

鸡同鸭说，有意思吗？

## 六十五

对父母而言，最好的家庭教育，就是把自己做好！

## 六十六

最近看电视剧《风筝》，感觉是在看《西游记》，因为情节编得太离奇了。

不过，就郑耀先这个人物形象而言，还是很让我感动的。他一生的曲折显然是集中了很多人的经历。比如《红岩》的作者之一罗广斌，就是1949年重庆白公馆"11·27"大屠杀中冒着枪林弹雨成功越狱的十几位幸存者之一，后来他以自己的经历写成《红岩》。但他在"文革"中被污为"叛徒"，受尽迫害，最后自杀身亡。

比真实的罗广斌幸运的是，《风筝》中的郑耀先伤痕累累地活到了

1976 年 10 月"第二次解放"。电视剧结尾，拖着一身伤病坐火车到了北京的他，掏出一张火车硬座票希望组织给他报销时，我想到如今那些贪官。同样是"共产党人"，却完全是两类人。

"不忘初心"，郑耀先做到了。

## 六十七

国家教育部 2001 年颁布的《关于积极推进小学开设英语课程的指导意见》明确规定："小学开设英语课程的起始年级一般为三年级。"但许多小学从一年级就开设英语课了。

关于孩子应该从多大年龄开始学英语，我这里不作学术争论，但至少我可以说，国家规定"小学开设英语课程的起始年级一般为三年级"是有科学依据的，虽然说的是"一般为三年级"，但难道那么多的小学都觉得自己的学生不"一般"因而必须从一年级开始学英语吗？

提前学英语，至少增加了孩子的学业负担。因此我建议各地教育行政部门督促所有小学一律遵守教育部的规定，小学三年级开始开设英语课程。

至于孩子家长愿意让孩子在家里早点学英语，那是另外一回事。

## 六十八

无论怎样宣传我们的教育取得了多么辉煌的成就，只要多数孩子不能保证每天晚上睡眠时间 8 小时以上，这些"成就"便黯然失色；只要多数老师为这些"成就"付出的代价是健康的身体，那它们更没有半点"辉煌"可言！

## 六十九

从某种意义上说，所谓"教育"就是教师有底气对学生们说："向我看齐！"

为人师表、言行一致、正人先正己，要孩子做到的教师应该先做到……这就是当下我们每一位教育者应该遵循的最大的教育常识。

# 七十

冬天的早晨，一个小女孩因为忘记戴红领巾，刚到学校就被班主任臭骂，并罚站。寒风凛冽中，女孩无声地流泪。

因为那天有一位大领导要来视察，校长要求全校学生统一穿戴漂亮，必须佩戴红领巾。

在小女孩和大领导之间，校长选择了大领导。其实，大领导根本就看不见一个小女孩戴没戴红领巾，但校长想的是："万一呢？"

就算大领导看见了有一个小女孩没戴红领巾也没什么呀！可校长也许想的是，这将"严重影响学校声誉"，而且"此风不可长"，以后还有类似的迎接领导活动，如果每个学生都这样，那怎么成？

曾经被学校教育"今天我以学校为荣"的小女孩，也许长大成人后都会记得——甚至会记一辈子：我读小学的时候，有一天早晨，因为我忘记戴红领巾，被学校罚站，来来往往的同学们都看着自己。那天早晨好冷啊……

2017 年 2 月 26 日—2019 年 3 月 7 日